TIN FISCHER

Grafiken von Mario Mensch

Gute Karten

Deutschland, wie Sie es noch nie gesehen haben

HOFFMANN UND CAMPE *ATLAS*

Sollte diese Publikation Links auf Webseiten Dritter enthalten, so übernehmen wir für deren Inhalte keine Haftung, da wir uns diese nicht zu eigen machen, sondern lediglich auf deren Stand zum Zeitpunkt der Erstveröffentlichung im April 2020 verweisen.

1. Auflage 2020
Copyright © 2020 Hoffmann und Campe Verlag, Hamburg
www.hoffmann-und-campe.de
Satz und Gestaltung: Mario Mensch
Einbandgestaltung: © Hoffmann und Campe unter Verwendung einer Illustration von Mario Mensch
Gesetzt aus der URW DIN und der Mongoose
Druck und Bindung: DZS Grafik, Slowenien
Printed in Slovenia
ISBN 978-3-455-00882-1

Ein Unternehmen der
GANSKE VERLAGSGRUPPE

20 Jahre lang sah ich Deutschland jeden Tag, außer bei Nebel. Aber dort gewesen bin ich selten. Ich wuchs in der Schweiz am Bodensee auf. Freunde oder Verwandte am anderen Ufer hatte niemand. Nach drüben ging man zum Einkaufen oder wenn man ins Kino wollte. Wer diese Deutschen sind, interessierte kaum. Ossis und Wessis? Für uns alles Schwaben.

Ich ging dann doch zum Studium nach Berlin. Und musste als Praktikant beim *ZEIT-Magazin* ausgerechnet die Daten für dessen Deutschlandkarten recherchieren. Ich war – in Zahlen ausgedrückt – eine Null. Ich konnte Frankfurt am Main nicht von Frankfurt an der Oder unterscheiden, musste mir von meinem Redakteur erklären lassen, welche Liga die Bundesliga ist, und von pikierten Lesern, dass Weimaraner nicht die Einwohner von Weimar sind, sondern Hunde.

Doch langsam lernte ich dieses Deutschland kennen, anhand von Karten und Statistiken. Ich musste mich neu orientieren. Man ist als Schweizer gewohnt, an der Spitze internationaler Statistiken zu stehen, wenn es um Pro-Kopf-Werte geht. Bei den absoluten hingegen landet man meist im Mittelfeld. Statistisch sind Schweizer irrelevante Spitze. Als Einwohner Deutschlands hingegen befand ich mich plötzlich im Mittelfeld bei den Pro-Kopf-Zahlen, war aber bei den absoluten ganz oben. Deutsche sind das bedeutendste Mittelmaß.

Auffällig aber fand ich, dass das den Deutschen nicht auffiel. Als Schweizer hielt ich Deutschland reflexhaft für riesig. Deutsche dagegen halten ihr Land eher für eine größere Schweiz. Vielleicht auch deshalb, weil man sich mit dem Gefühl provinzieller Mittelmäßigkeit vor globaler Verantwortung drücken kann? Nehmen Sie mal eine Europakarte und schraffieren Sie alle Länder, deren größte Importquelle Deutschland ist. Kleine Hilfe: Seien Sie großzügig. Das Resultat finden Sie auf Seite 186. Oder umkreisen Sie auf einer Weltkarte Regionen mit dem gleichen BIP wie Deutschland. Nur so viel: Deutschland ist riesig. Das Resultat finden Sie auf Seite 184.

Dieses Buch soll ein paar Proportionen geraderücken und zeigen, wo Deutschland wirklich liegt auf der Welt. Deshalb handelt es nicht nur von Senfeiern und Gartenzwergen, sondern auch von Kohlestrom und Kolonialismus. Und natürlich habe ich zu beantworten versucht, wo denn nun diese Schwaben wirklich zu finden sind. Ich ahnte nicht, wie kompliziert diese Frage sein würde.

Tin Fischer

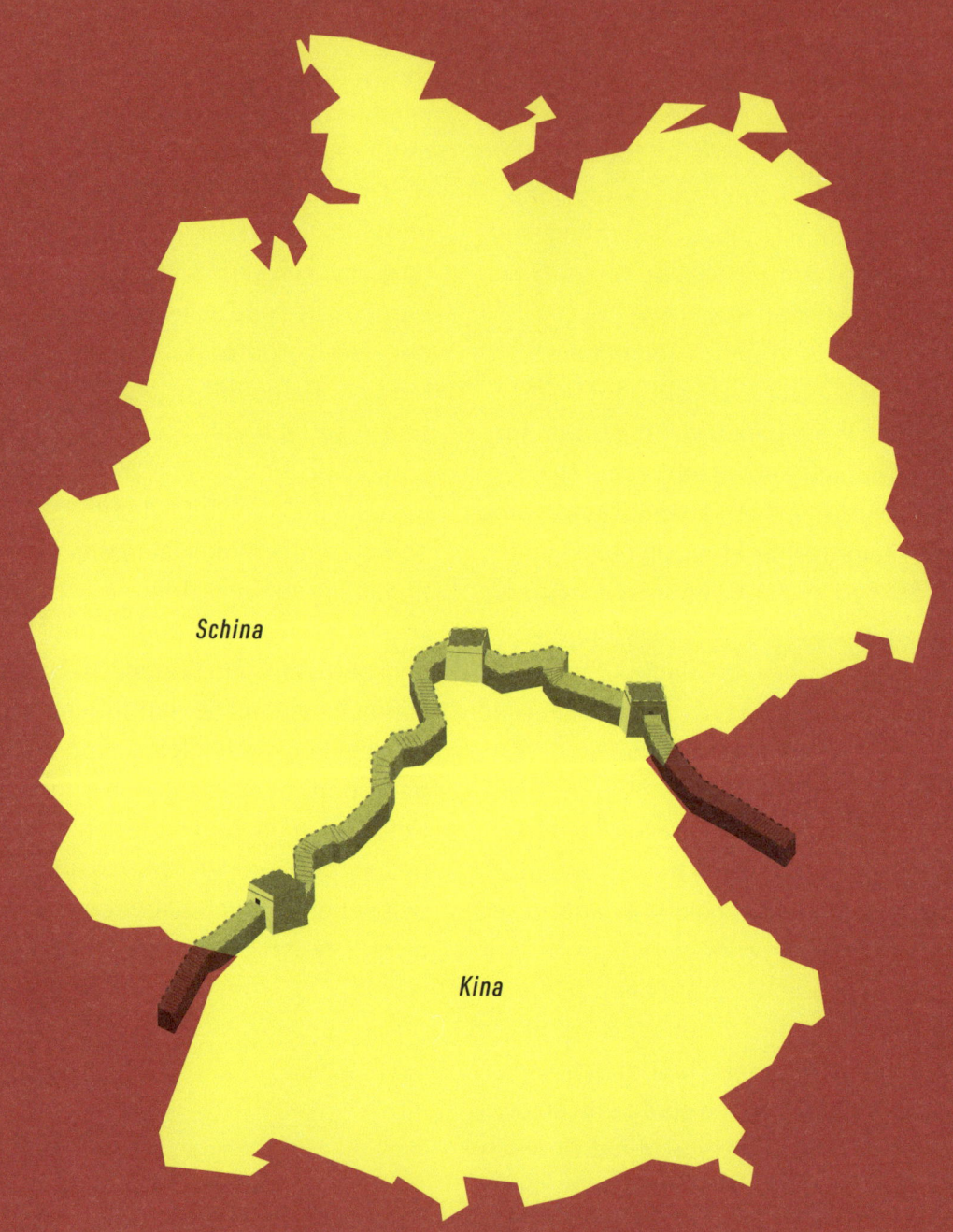

Die schinesisch-kinesische Grenze

Letztlich besteht Deutschland aus zwei Gruppen. Die, die »Schina« sagen. Und die, die wissen, dass es »Kina« heißt. Die linguistische Mauer trennt Bayern und Baden-Württemberg vom restlichen Deutschland. Wer »Kina« sagt, dürfte also auch mehr verdienen, länger leben und häufiger Skifahren. Der Norden ist allerdings nicht einheitlich schinesisch. Das klarste, zischendste »sch« spricht man im Rheinland. Weiter Richtung Norden und Osten geht es in ein »ch« über. Hochdeutsch eben.

Das mittelalterliche Herzogtum Schwaben

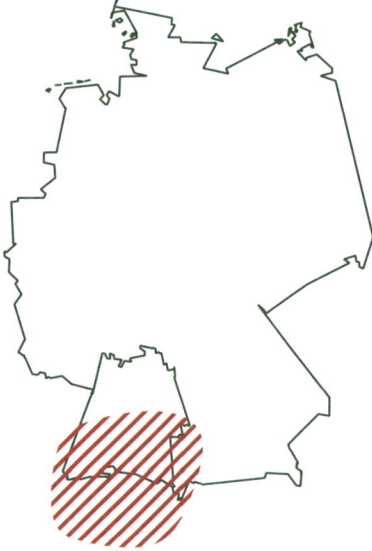

Das gesprochene Schwaben

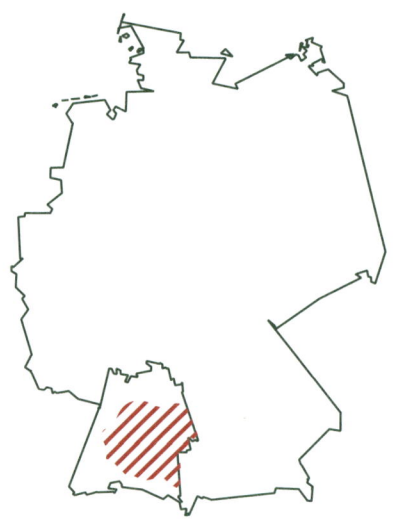

Das Schwaben der Badener

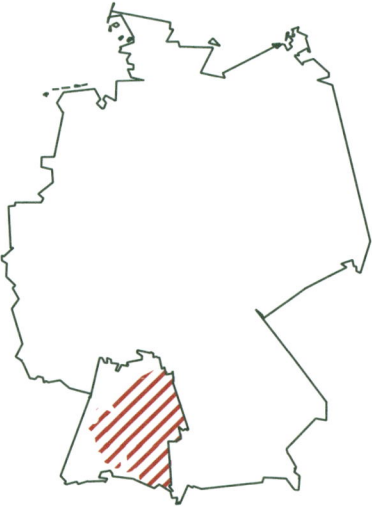

Das Schwaben der Berliner

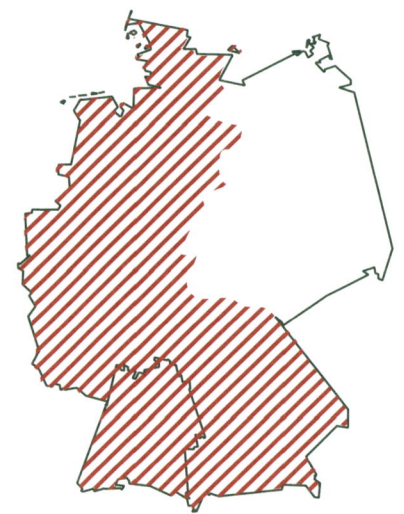

Das Schwaben der Bayern

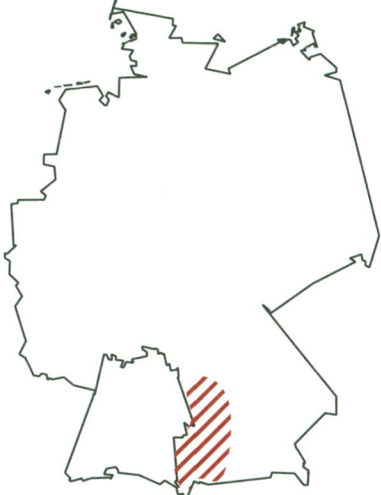

Das Schwaben der Schwaben

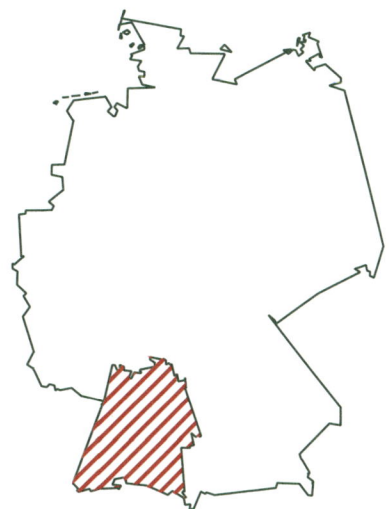

Das Schwaben der Schweizer

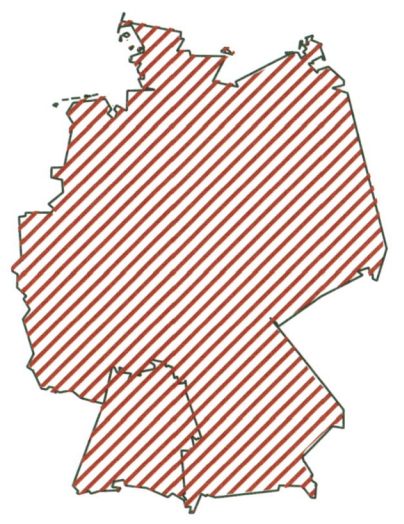

Die sieben Schwaben

Schwaben ist ein Oxymoron. Spricht man es aus, ist es schon falsch. Schwaben liegt in Bayern und am Bodensee und an keinem dieser Orte. Es ist Schimpfwort und Selbstüberhöhung in einem. Schwaben war mal ein Herzogtum rund um den Bodensee. Sogar Zürich gehörte dazu. Stuttgart lag nur am Rand. Heute liegt Schwaben immer woanders, je nachdem, wen man fragt. In Bayern ist es ein Bezirk, in Stuttgart Baden-Württemberg, in Baden nur Württemberg. In Berlin sind alle Zugezogenen aus dem Westen, die in Prenzlauer Berg Wohnungen kaufen, Schwaben. In der Schweiz bedeutet es einfach: Deutsche.

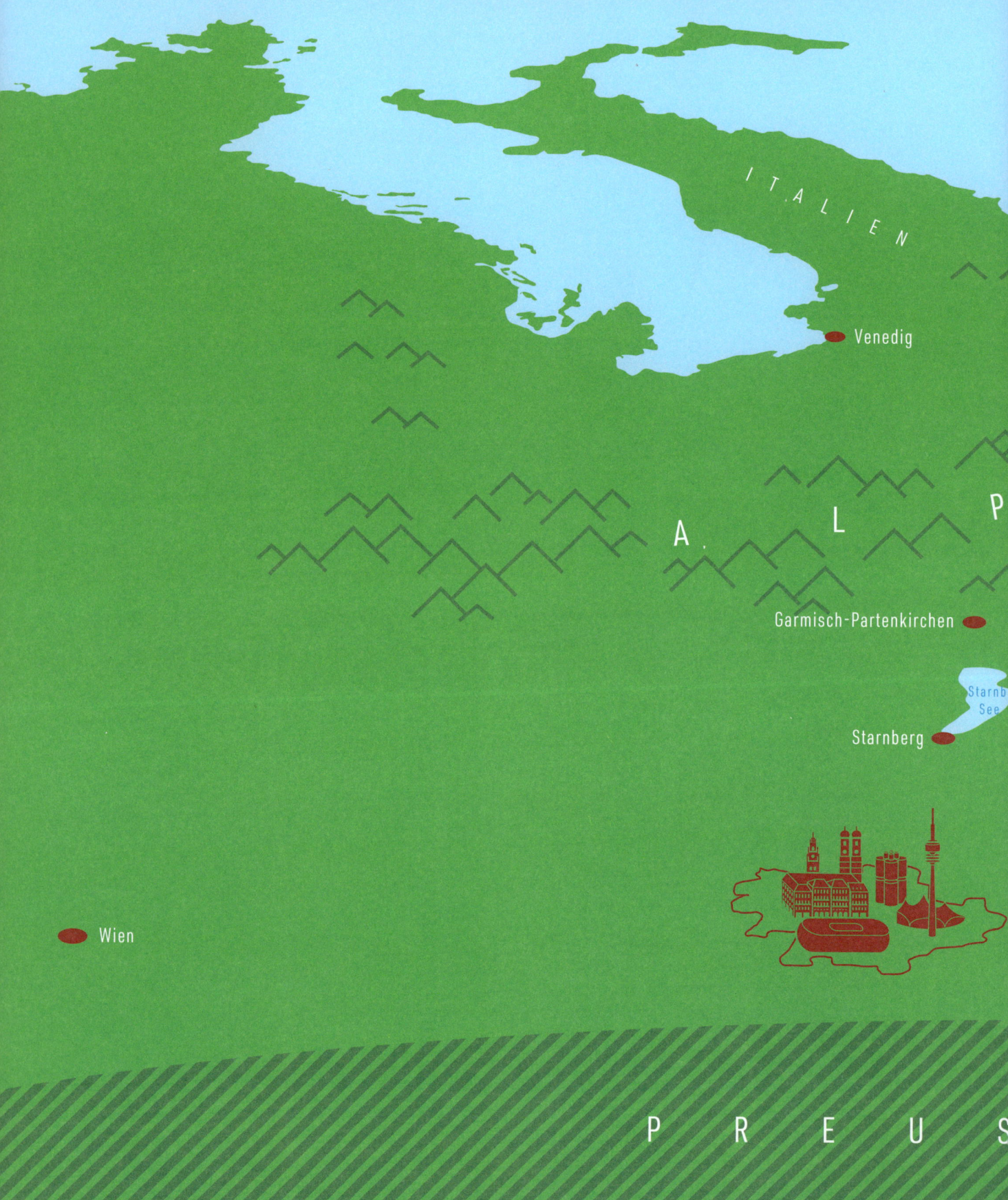

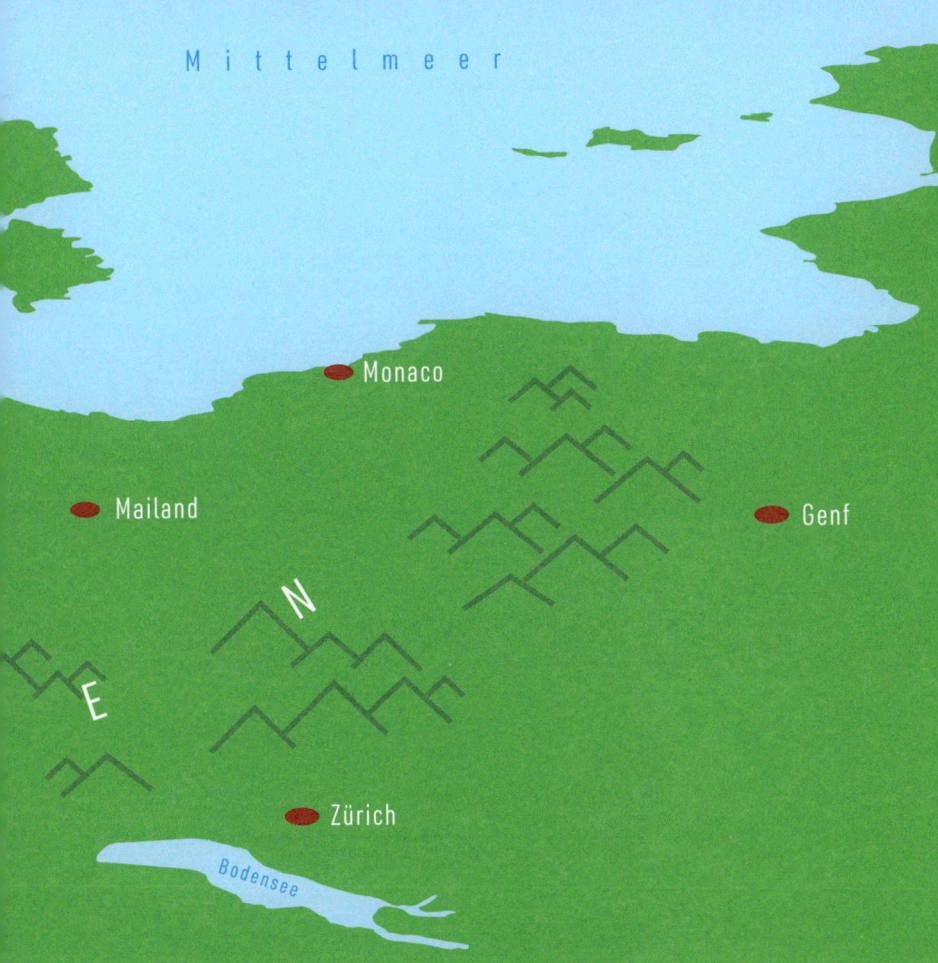

Wie Münchner Deutschland sehen

Wo am häufigsten Gartenzwerge gegoogelt werden

In Thüringen wurden im 19. Jahrhundert die ersten Gartenzwerge in Serie produziert. Nur lief die Serie etwas aus dem Ruder. Der Gartenzwerg ist heute überall. Eine Manufaktur mit Museum erinnert heute an seine Ursprünge. Deshalb werden Gartenzwerge wohl vor allem in Thüringen gesucht. Wenn man Gartenzwerge googelt, findet man allerdings schnell auch solche, die mit einem Hackebeil einen Kollegen exekutieren, betrunken in die Botanik kotzen und ungefragt ihre erigierten Riesenpenisse präsentieren. Der Gartenzwerg, dieses alte weiße Männlein, er gibt keine gutes Männerbild mehr ab.

Tropical Islands

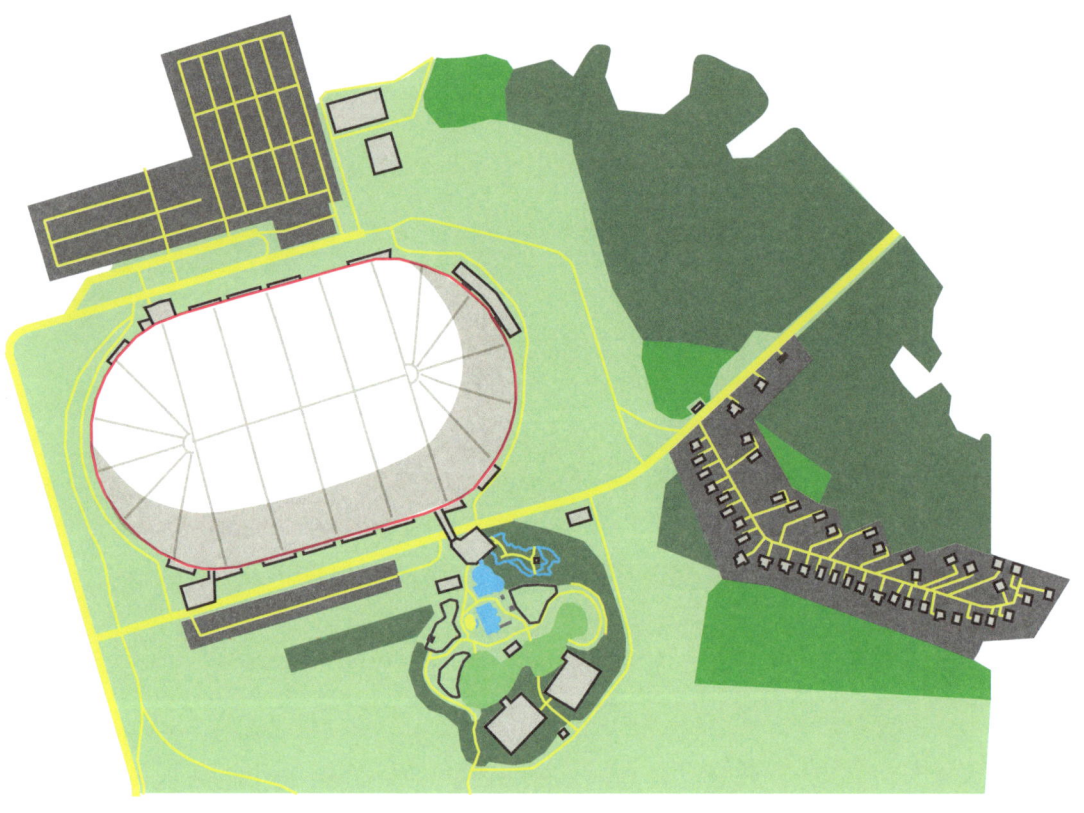

Dom in Brandenburg, von dem
aus einst Luftschiffe den Himmel
erobern sollten. Heute ein Spaßbad,
so groß wie der Vatikan.

Vatikan

○ Domkuppel

Dom in Rom, von dem aus einst der Himmel gepriesen werden sollte. Heute eine Pilgerstätte, so groß wie das Tropical Islands.

An wen glauben mehr, an Jesus oder den Osterhasen?

Osterhase
7 %

Ist Deutschland ein christliches Land? Bedingt. Die Anzahl der Menschen, die einer Kirchengemeinschaft angehören, sinkt bald unter 50 Prozent. Nur noch ein Drittel der Bevölkerung besucht häufiger als einmal im Jahr einen Gottesdienst. Vor allem der wöchentliche Kirchenbesuch nimmt rapide ab.

Und die Kirchen scheinen eine Menge Passivmitgliedschaften zu haben: Umfragen zufolge glaubt nur jeder Dritte in Deutschland an die Auferstehung von Jesus Christus. Und wie sieht es bei dem Osterhasen aus, dieser deutschen Schöpfung? Ab acht Jahren beginnen Kinder daran zu zweifeln, dass er existiert, so eine Studie. Folglich glauben immerhin sieben Prozent der deutschen Bevölkerung an den Osterhasen. Tendenz: leicht steigend!

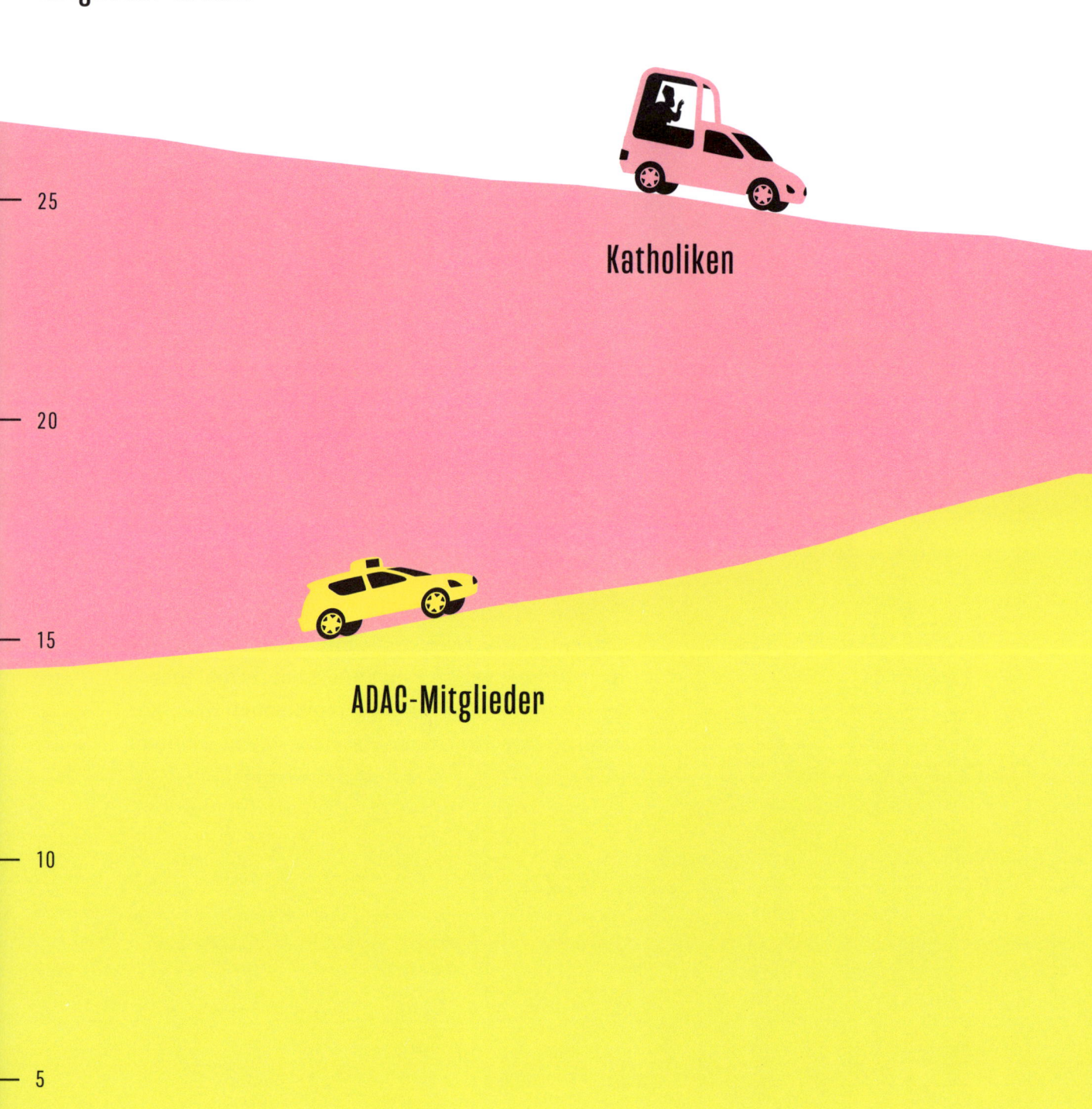

Wann der ADAC die katholische Kirche überholt

2021/22

Verblüffend an Statistiken ist oft, wie wirkungslos Skandale sind. Und wie mächtig Trends. 2014 flogen Manipulationen beim ADAC-Autopreis «Gelber Engel» auf. Wochenlang war der Skandal in den Medien. Viele Mitglieder traten aus Protest aus dem ADAC aus und verzichteten auf seinen Pannenservice. Man sieht die Delle auf der Kurve. Schnell aber gingen die Zahlen wieder bergauf. Ähnlich – nur andersrum – war es in der katholischen Kirche. 2010 kam auch in Deutschland jahrzehntelanger Missbrauch von Kindern ans Licht. Zum ersten Mal traten daraufhin mehr Leute aus der katholischen Kirche als aus der evangelischen aus. Auf der Mitgliederkurve erkennt man die Austrittswelle kaum.

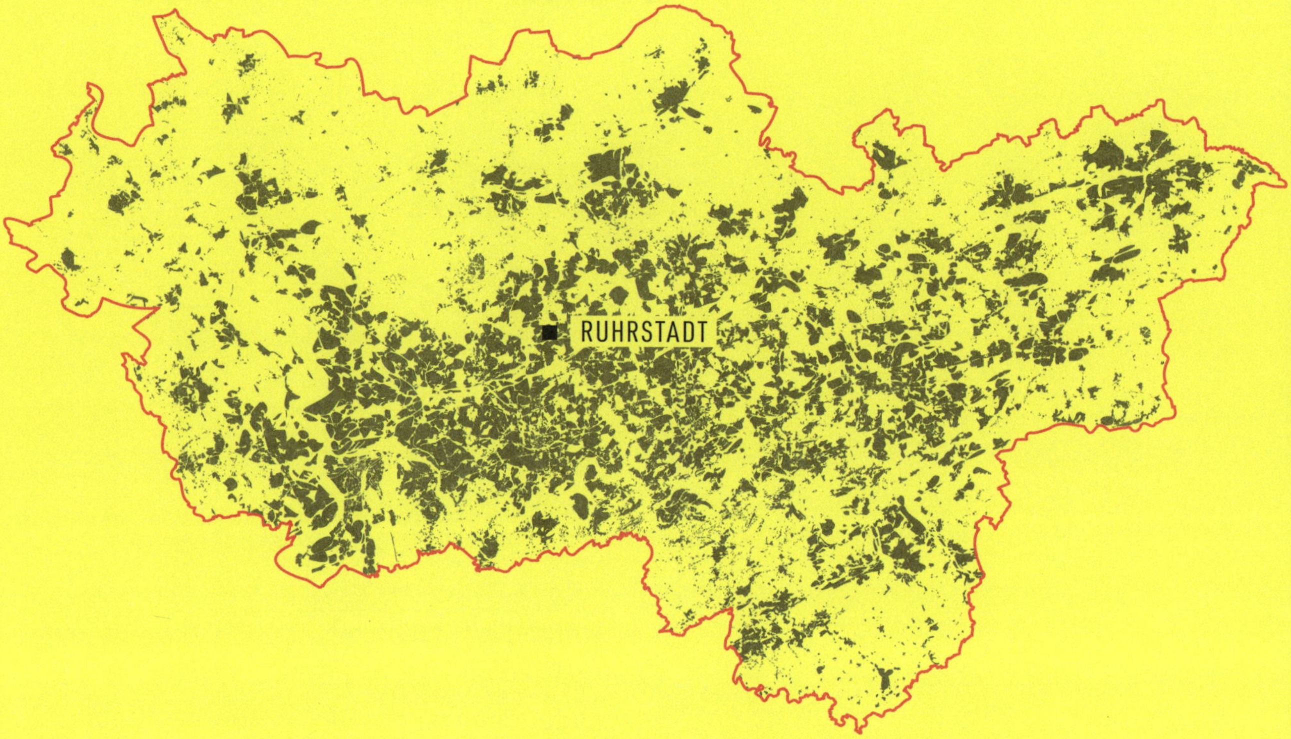

Wäre das Ruhrgebiet eine Stadt, sie wäre die größte der EU

Es ist ein wenig ins Hintertreffen geraten, dieses Ruhrgebiet. Ostdeutschland dominiert die gesellschaftliche Diskussion, seit so viele dort die AfD gut finden. In politischen Diskussionen poltert vor allem Bayern, seit dort die Wirtschaft boomt. Der letzte Meistertitel von Borussia Dortmund ist auch schon wieder acht Jahre her, der erste von Schalke wohl noch eine Weile hin. Ein Titel ist dem Ruhrgebiet aber ganz unbemerkt zugeflogen: Seit Großbritannien London aus der EU gezerrt hat, wäre Ruhrstadt – ein hypothetisch vereintes Ruhrgebiet – die größte Stadt in der Europäischen Union. Es wäre mit 5,1 Millionen Einwohnern deutlich größer als Berlin mit seinen 3,6 Millionen. Bei Paris käme es auf die Zählweise an: Die Stadt hat 2,2 Millionen Einwohner, der Großraum jedoch 12,6.

Westdeutschland
66,8 Mio. Einwohner

Ostdeutschland
16,3 Mio. Einwohner

Bayern
13,1 Mio. Einwohner

Österreich
8,9 Mio. Einwohner

Schweiz
8,5 Mio. Einwohner

Ruhrgebiet
5,1 Mio. Einwohner

Relative Größen

Karten trügen. Ostdeutschland zum Beispiel wirkt auf Karten derart groß, dass man meinen könnte, seine Bevölkerung mache etwa ein Drittel Deutschlands aus (lassen Sie mal Ihr Umfeld schätzen). In Wirklichkeit ist es etwa ein Fünftel – wobei man darüber streiten kann, ob Berlin nach Ost oder West gehört.

Länder mit +/- 15 % der Fläche Deutschlands. Und Deutschland.

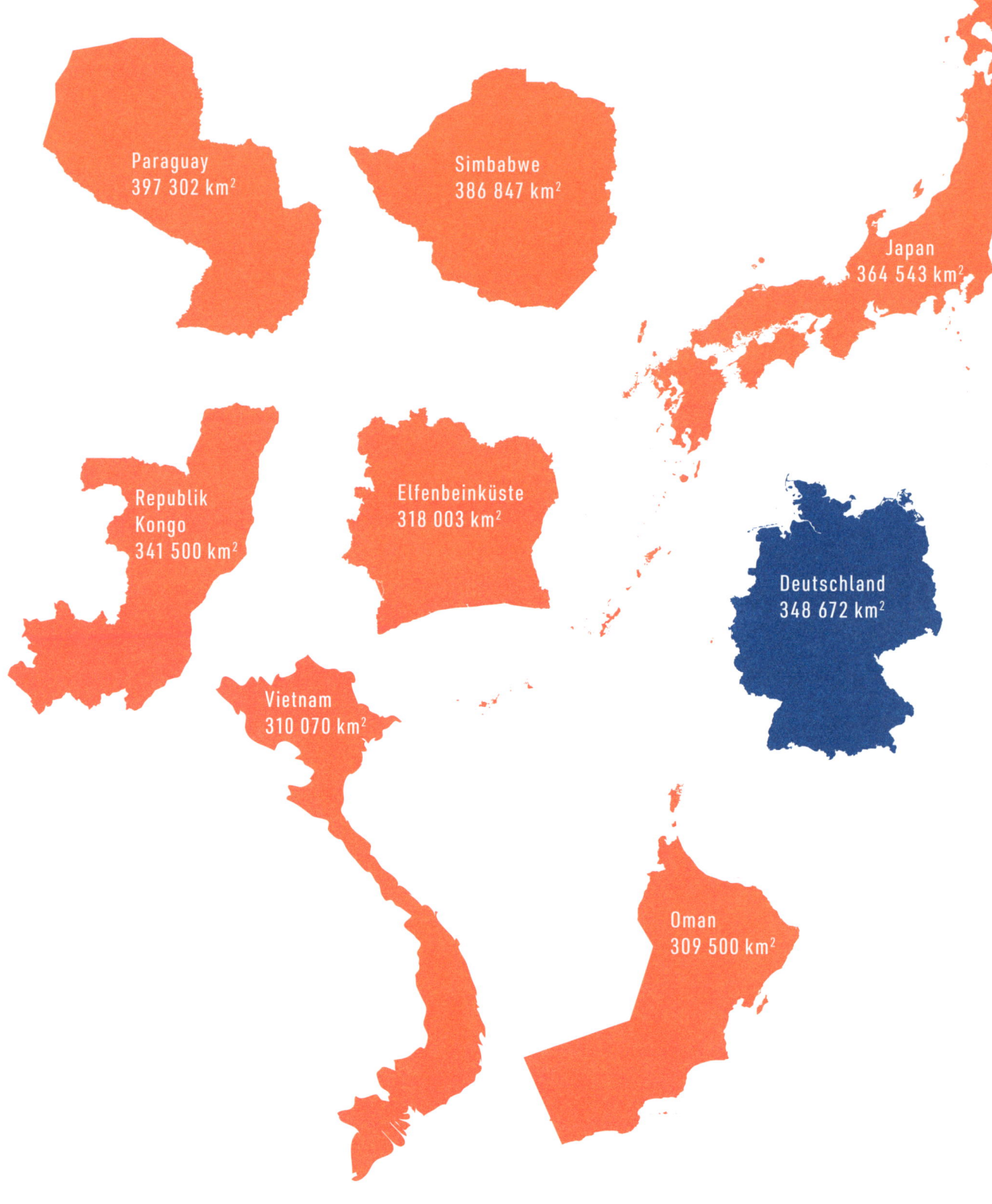

Länder, die ungefähr so groß sind wie Deutschland

Wie man als Land zum Scheinriesen wird? Man braucht viele Inseln (Japan) und muss möglichst weit im Norden liegen (Norwegen). Kleiner als tatsächlich wirkt man, je näher man am Äquator liegt. Schlecht ist auch eine runde Form (Polen und Simbabwe). Auf TheTrueSize.com kann man Ländergrößen auch selbst vergleichen!

Polen 311 888 km²

Norwegen 304 282 km²

Malaysia 329 613 km²

Finnland 303 815 km²

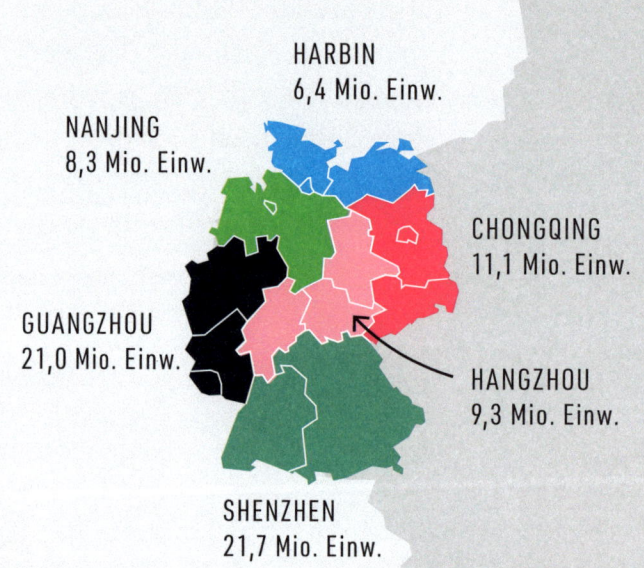

Deutschland ist so groß wie sechs chinesische Städte, von denen du noch nie gehört hast

1428 Millionen Menschen leben in China, jeder fünfte Mensch auf der Welt. Verglichen dazu sind die 83 Millionen in Deutschland ein globales Nischenpublikum. Peking, Shanghai und Hongkong sind bekannt. Andere chinesische Städte kennt man höchstens, weil sie als Absender auf dem Paket von AliExpress stehen. Dabei beschränken sich die Einwohnerzahlen auf der Karte sogar noch auf die Innenstädte. Im administrativen Stadtgebiet von Chongqing leben 30 Millionen Menschen.

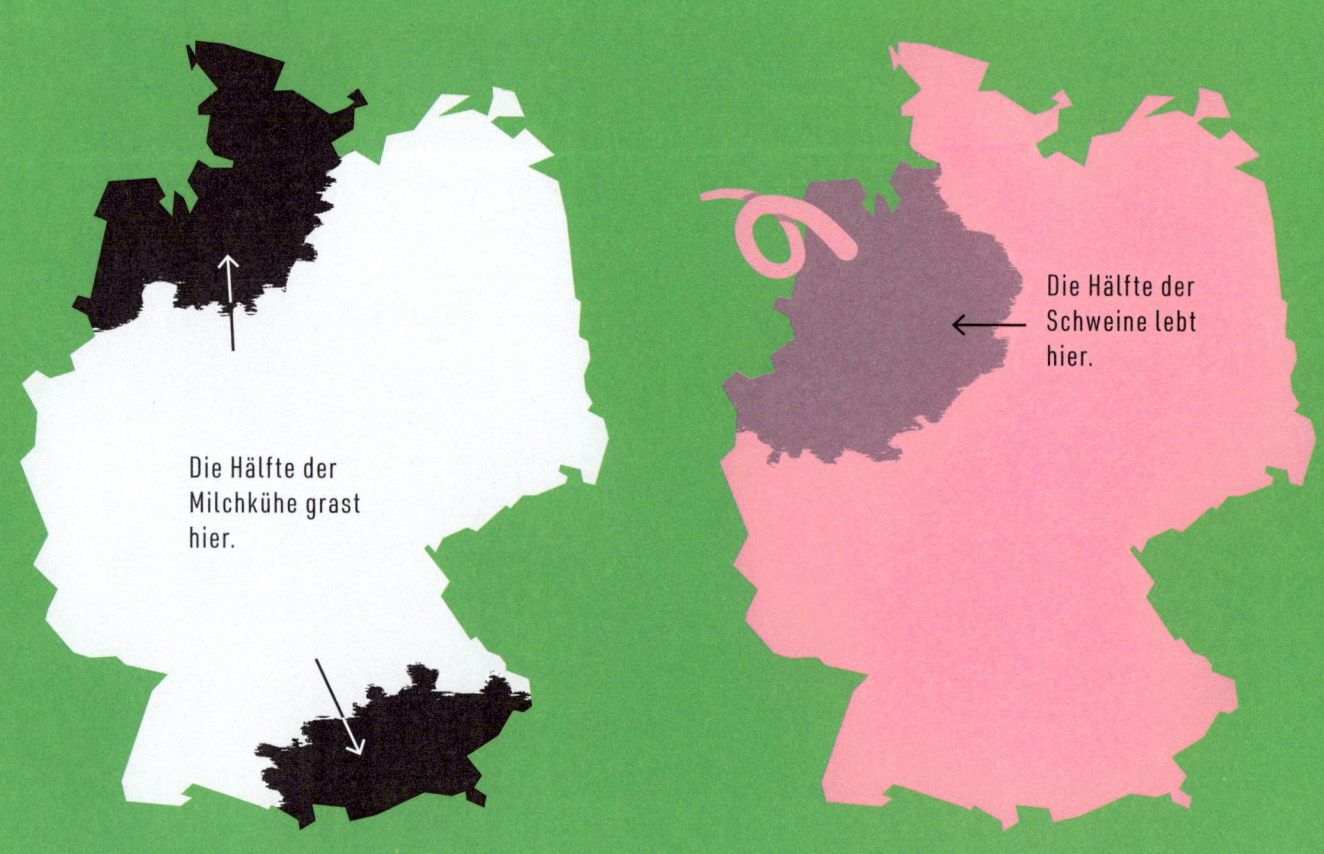

Konzentriert euch!

Die Zahl der Nutztiere geht in Deutschland zwar leicht zurück, der Fleischverbrauch stagniert (siehe S. 90). Die Anzahl der Tiere pro Hof hingegen nimmt rapide zu. Anfang der neunziger Jahre hatte ein Hof im Schnitt neunzig Schweine. Heute sind es über 1800. Zwischen 2001 und 2018 gaben vier von fünf Schweinehöfen auf. Bei Hühnern und Kühen ist die Entwicklung etwas schwächer. Diese Konzentration ist auch geografisch. Die Viehhaltung drängt sich heute im Wesentlichen in Niedersachsen, NRW und Bayern zusammen. Und die Menschen? Leben überall dort, wo die Tiere nicht sind.

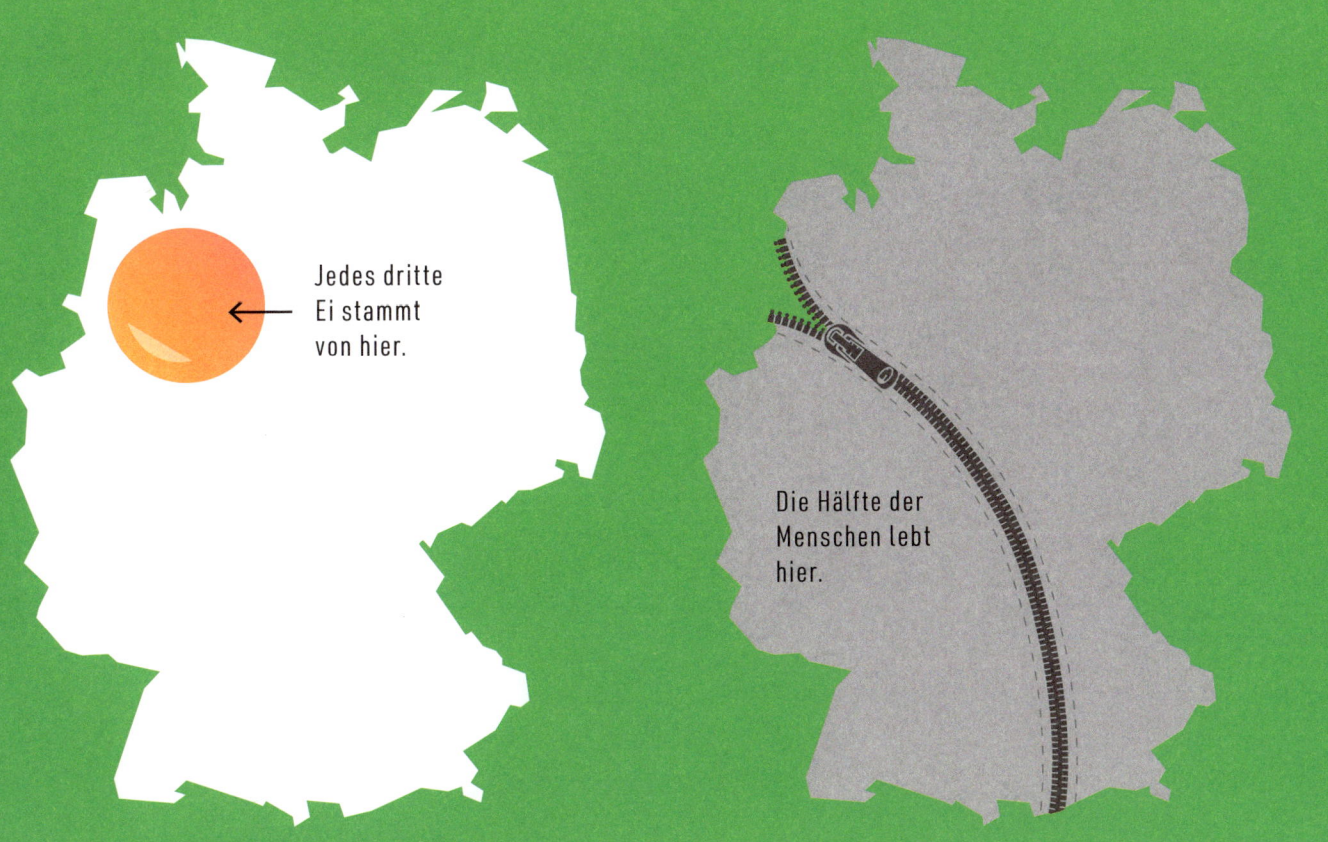

Jedes dritte Ei stammt von hier.

Die Hälfte der Menschen lebt hier.

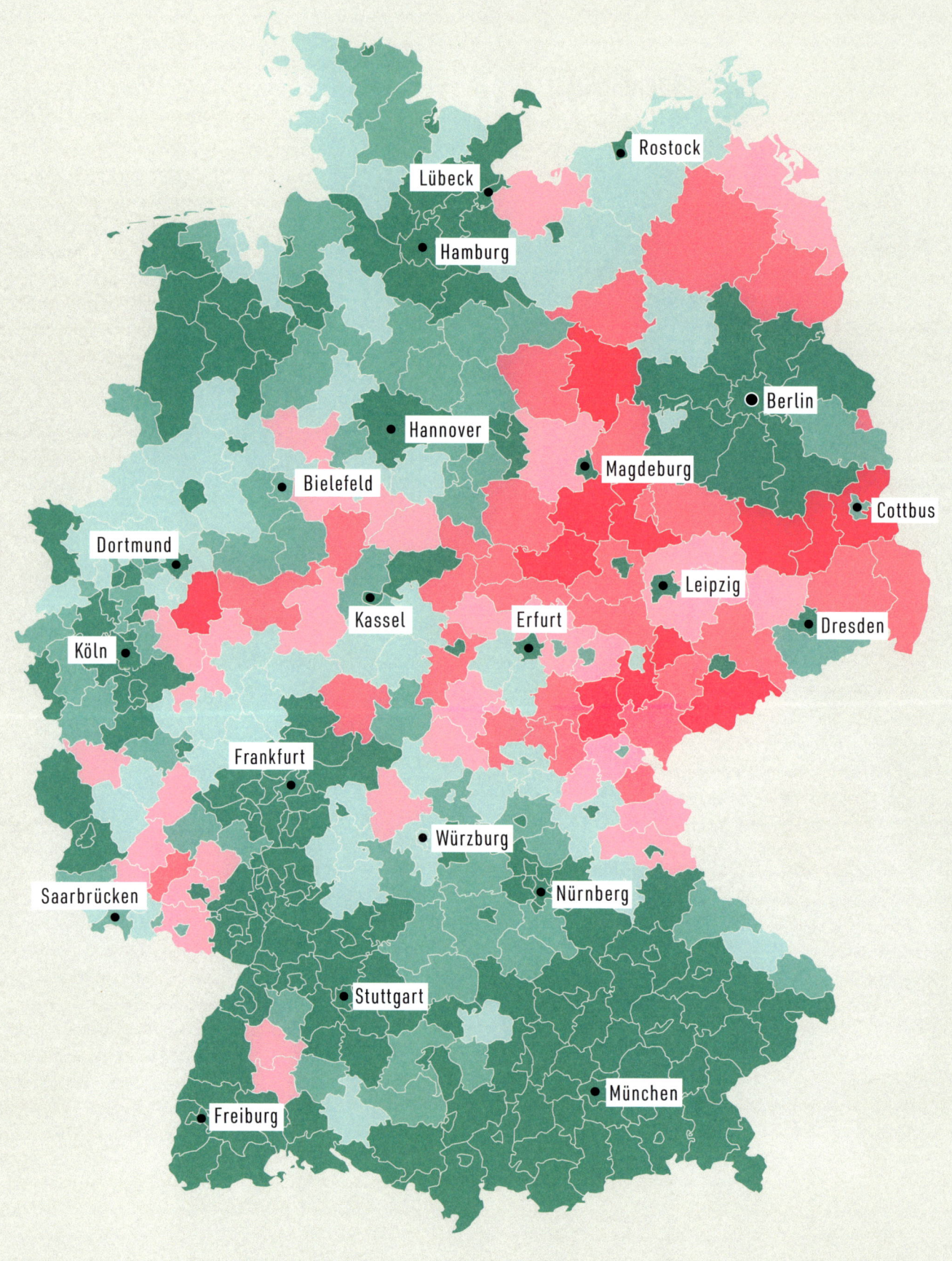

Wo mehr wegziehen als zuziehen

Während der ersten 20 Jahre nach der Wiedervereinigung gab es große Wanderbewegungen von Ostdeutschland in den Westen. 3,7 Millionen Menschen zogen weg, nur 2,6 Millionen gingen den umgekehrten Weg. Diese Zeiten sind vorbei. Heute gibt es sogar eine leichte Tendenz von Westen nach Osten. Stattdessen ziehen die Menschen momentan in Städte, die sehr viel attraktiver geworden sind. Und zwar im Westen wie im Osten. Wer aus ostdeutschen Landstrichen fortgeht, zieht nicht mehr unbedingt nach München, sondern nach Leipzig oder Dresden. Die Folgen: steigende Mieten in den Städten und allgemeines Ausweichen auf stadtnahe Kreise. Deshalb wächst etwa in Berlin auch das Umland so stark: Nicht Landflucht, sondern Stadtflucht hat sie hergebracht.

Wanderungen je 1000 Einwohner, Durchschnitt der Jahre 2011–2014

- ■ -6 bis -4
- ■ -4 bis -2
- ■ -2 bis 0
- ■ 0 bis 2
- ■ 2 bis 4
- ■ 4 bis 20

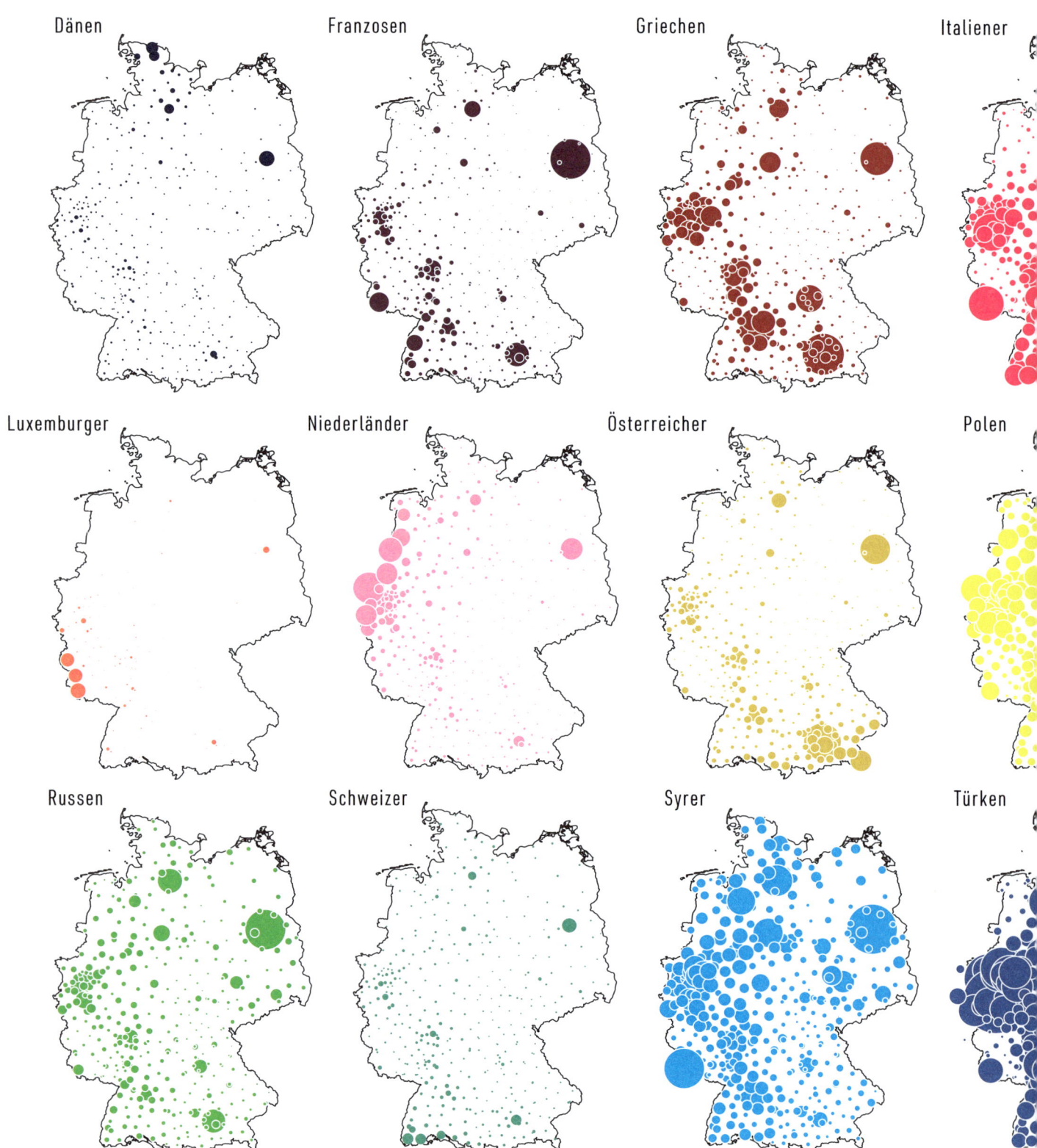

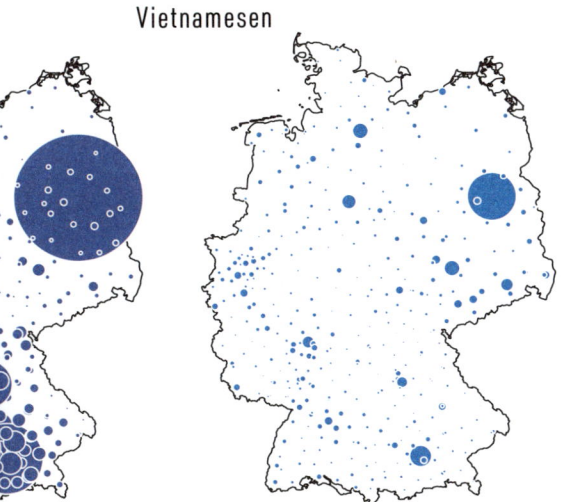

Wer wo wohnt

Drei Muster bestimmen, wo Migranten sich niederlassen: in den Städten, nah zur Heimat und möglichst dort, wo Leute wohnen, die man schon kennt. Türken, Griechen und Italiener kamen in den sechziger Jahren nach Westdeutschland, als das Ruhrgebiet boomte. Das sieht man bis heute. Viele Vietnamesen kamen zu DDR-Zeiten. Auch das ist heute noch sichtbar. Syrer sind über das ganze Land verstreut, weil sie so zugeteilt wurden (in Saarbrücken erkennt man eines der Aufnahmezentren). Sie dürften die ländlichen Gemeinden aber schnell wieder verlassen. Polen und Rumänen kamen als EU-Bürger und durften sich überall niederlassen. Polen wählten vor allem das nahe Berlin.
Kroaten tendieren eher nach Süden. Klar: Von München nach Zagreb sind es mit dem Auto nur sechs Stunden.

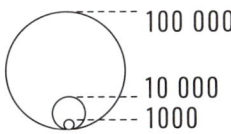

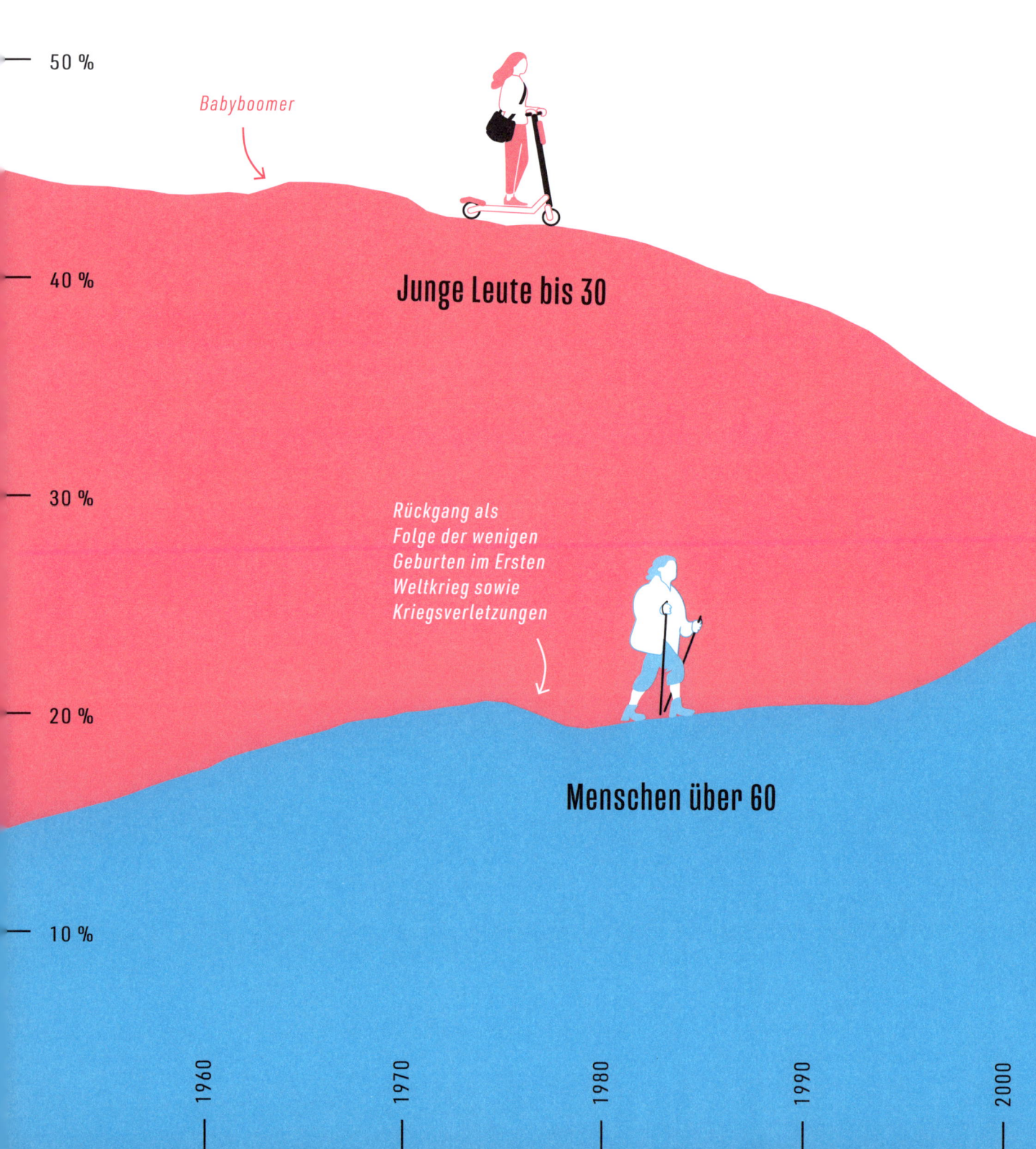

Die schleichende Geriatrisierung Deutschlands

»Flüchtlingswelle« 2015

Babyboomer werden 60

Die Bundesrepublik wird eine Rentnerrepublik: Die Babyboomer sind jetzt die Rentnerboomer. Zwar sinkt die Geburtenrate schon seit dem 19. Jahrhundert (damals hatte eine Frau im Schnitt fast fünf Kinder, heute ist es etwas mehr als eines), zugleich stieg die Lebenserwartung. Die Gesellschaft alterte. Doch nach dem Zweiten Weltkrieg gab es einen kurzen Babyboom, der die Alterung jetzt nochmals beschleunigt. Heißt mehr Pflegebedarf, weniger Arbeitskräfte, dafür mehr Rentenzahlungen und mehr Socken in Sandalen. Immerhin: Die Geburtenrate nimmt wieder leicht zu. Familienpolitik, Migration und das Wirtschaftswachstum gelten als Gründe.

2010 — 2020 — 2030 — 2040 — 2050

Wohin deutsche Rentner auswandern

Der deutsche Rentner in Thailand hat nicht den besten Ruf. Es sind zwar nicht viele, die dort ihren Lebensabend verbringen, aber genug für Fernsehdokus zum Fremdschämen. Das größte deutsche Rentnerparadies ist Spanien, zumindest für Rentner mit deutschem Pass. Dann folgen auch schon Polen und Ungarn mit ihren kostengünstigen Altenheimen. Schaut man auch auf die Pensionäre, die ohne deutschen Pass Deutschland verlassen, liegen die Türkei, Polen, Kroatien und Italien vorn: Sie kehren in ihre alte Heimat zurück.

Fortzüge von über 65-Jährigen aus Deutschland in das jeweilige Land (2018)

davon solche mit deutschem Pass

1000   500   100

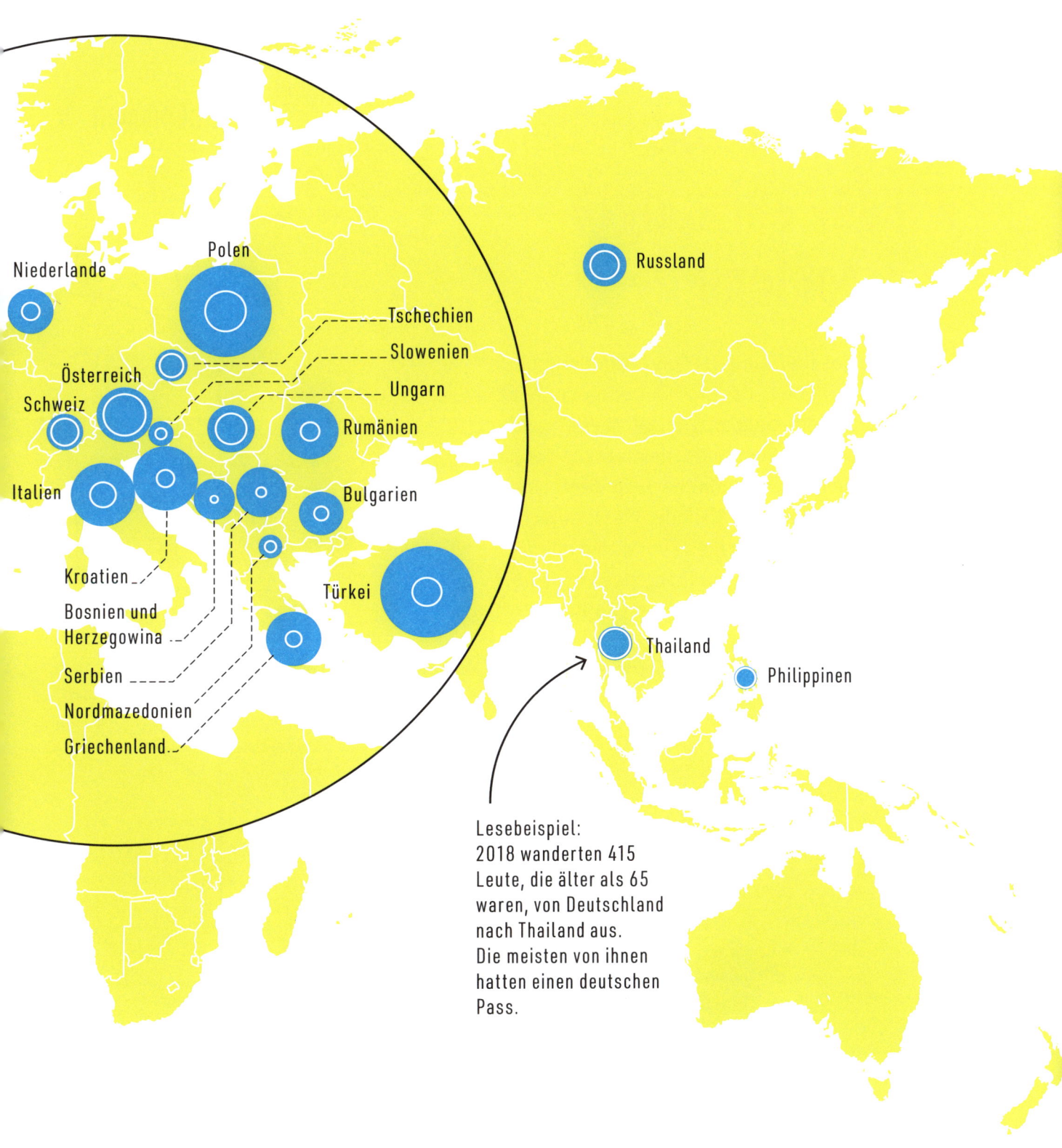

Das noch nicht wieder vereinigte Deutschland

Statistisch gesehen sind Ost- und Westdeutschland wie ein Ehepaar, das sich immer mehr gleicht. Aber Unterschiede bleiben. Bei der Wiedervereinigung verdienten Westdeutsche mehr als doppelt so viel. Heute ist es noch (immer) ein Viertel mehr (oder ein Fünftel aus der Sicht der Westdeutschen). Markant sind die Unterschiede vor allem beim Vermögen (inklusive Immobilien), das im Westen im Durchschnitt doppelt so groß ist. Spuren hinterlassen hat auch die lange Phase hoher Arbeitslosigkeit im Osten. Sie könnte ein Grund für die geringere Lebenserwartung der Männer dort sein.

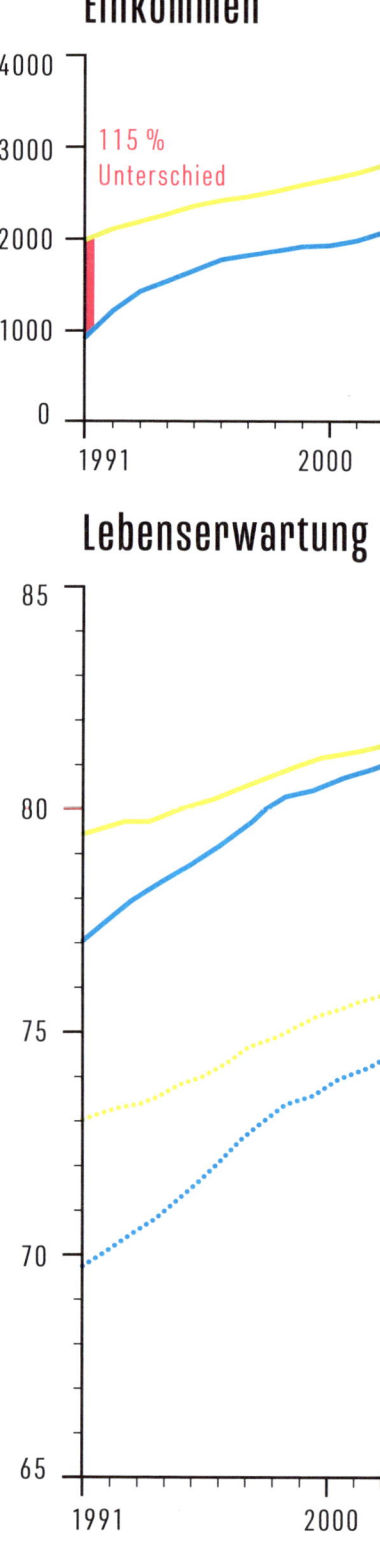

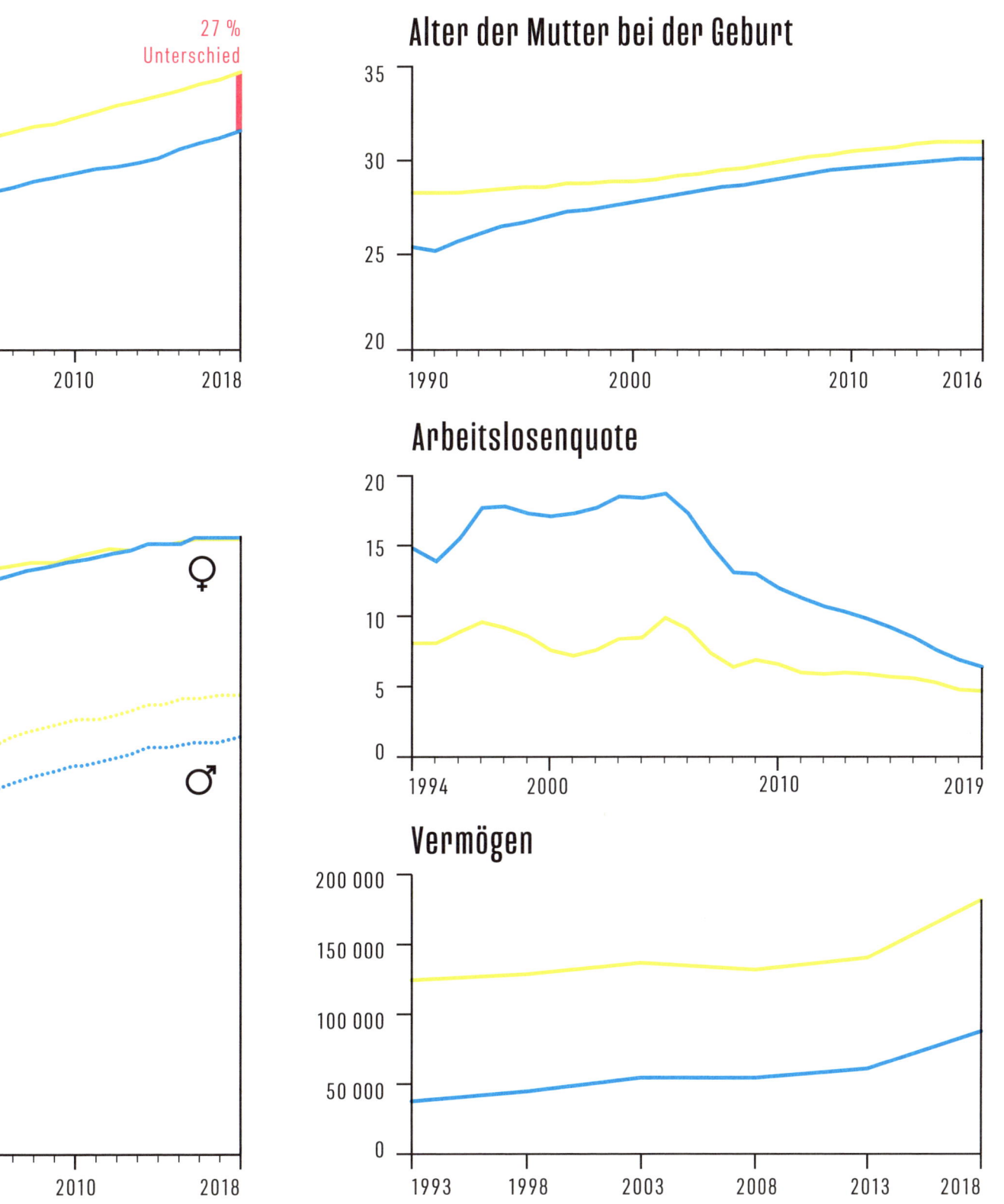

Hat David Hasselhoff die Mauer niedergerissen und Deutschland vereint? Nein.

Manche sagen, »Looking for Freedom« habe die Mauer zum Einsturz gebracht. Andere (Historiker, Statistiker etc.) sind skeptisch. Ein Blick auf die Daten: 1988 kam »Looking for Freedom« heraus. Es folgten vereinzelte Auftritte in Westdeutschland, unter anderem im *ZDF-Fernsehgarten* und bei *Wetten, dass… ?* So landete das Lied im April 1989 auf Platz eins der westdeutschen Charts. Acht Wochen blieb es dort. Das ist nicht schlecht. Aber nach dem Sommer begann bereits wieder der Abstieg. Als im November die Mauer fiel, war »Looking for Freedom« längst aus den Charts. Und bei den beiden Tourneen zum Album war Hasselhoff so gut wie überall, nur im Osten war er kaum zu sehen.

Chartplatzierung von »Looking for Freedom« 1989

Tour 1990

Tour 1991

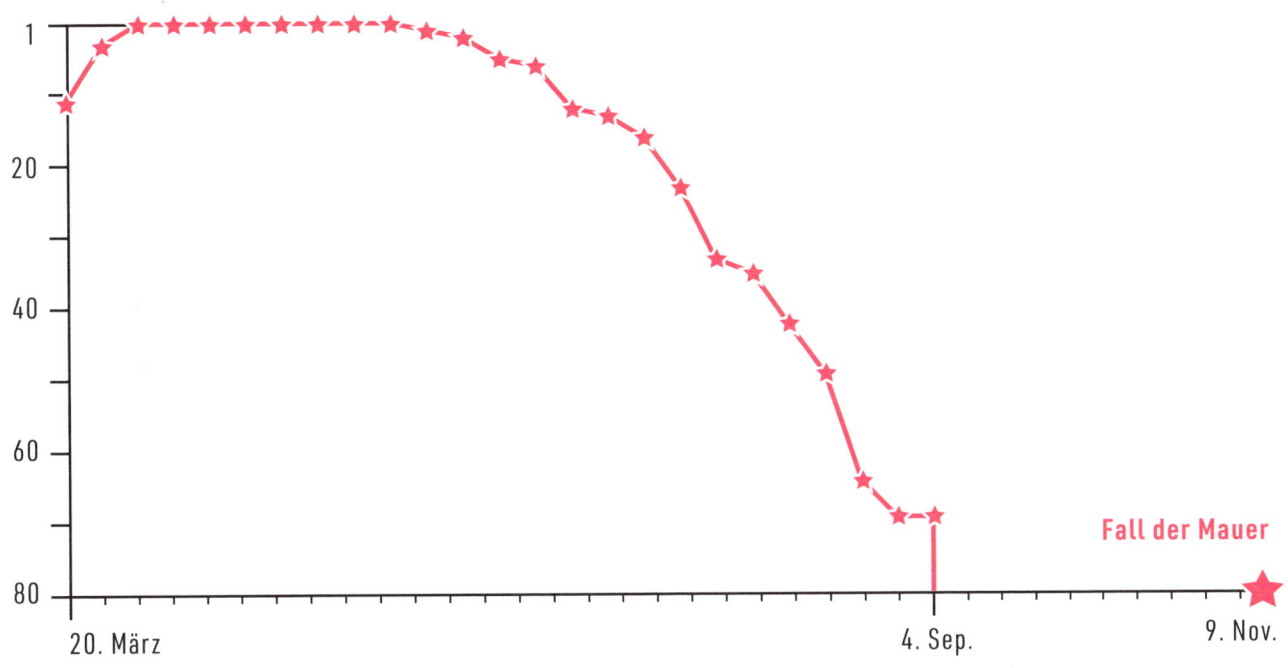

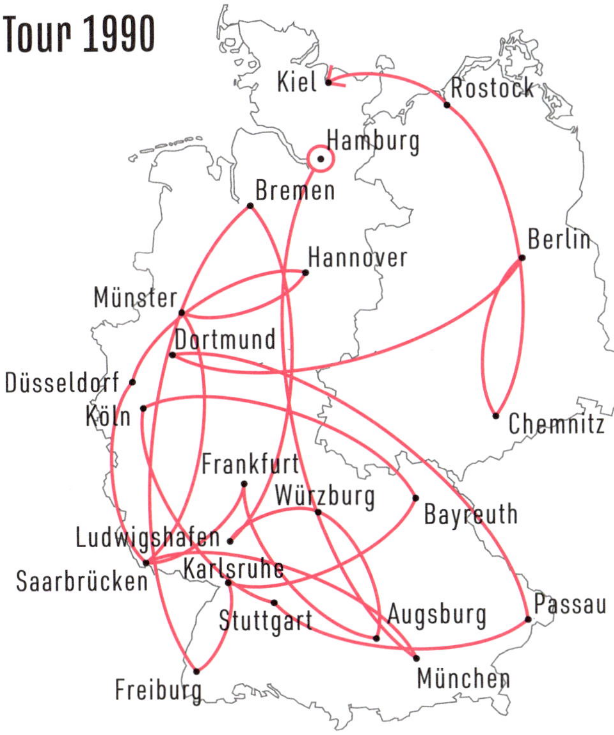

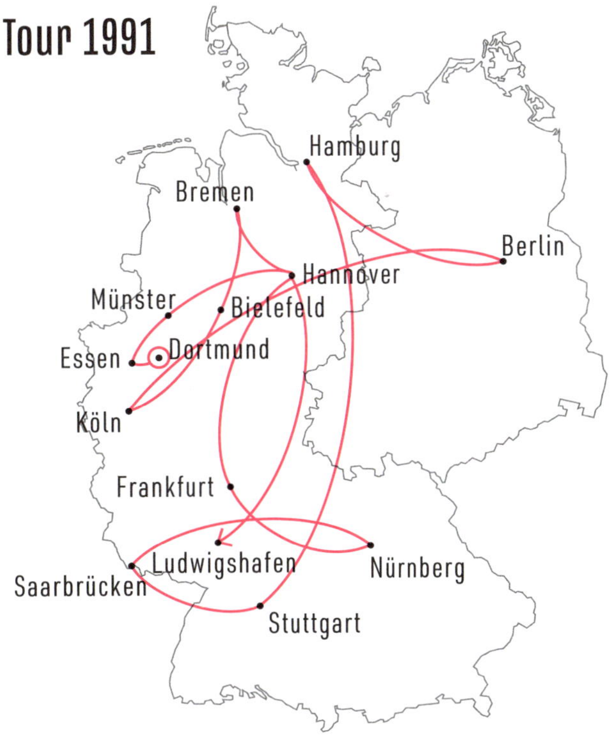

Wer am häufigsten Sexstellungen googelt

Ist Ostdeutschland sexuell aufgeklärter und freizügiger? Das »erste Mal« hatte man in der DDR früher, Aufklärungsunterricht war selbstverständlich und Abtreibung nicht kriminalisiert. Frauen waren finanziell unabhängig und selbstbestimmter. Statt Kirche gab es am Sonntag Freikörperkultur. Solch eine These bedient natürlich Stereotype. Sie passt zu gut in die sozialistische Ideologie vom freien Menschen und zum westlichen Stereotyp vom naturnahen Ossi am FKK-Strand. Daten zum Thema Sex sind immer schwierig und Daten aus sozialistischen Staaten sowieso. Nichtsdestotrotz: Beim Googeln scheint man noch Unterschiede zu erkennen. Nach dem »How-to« von Sexstellungen sucht der Osten häufiger. Wir lassen das jetzt einfach mal so stehen.

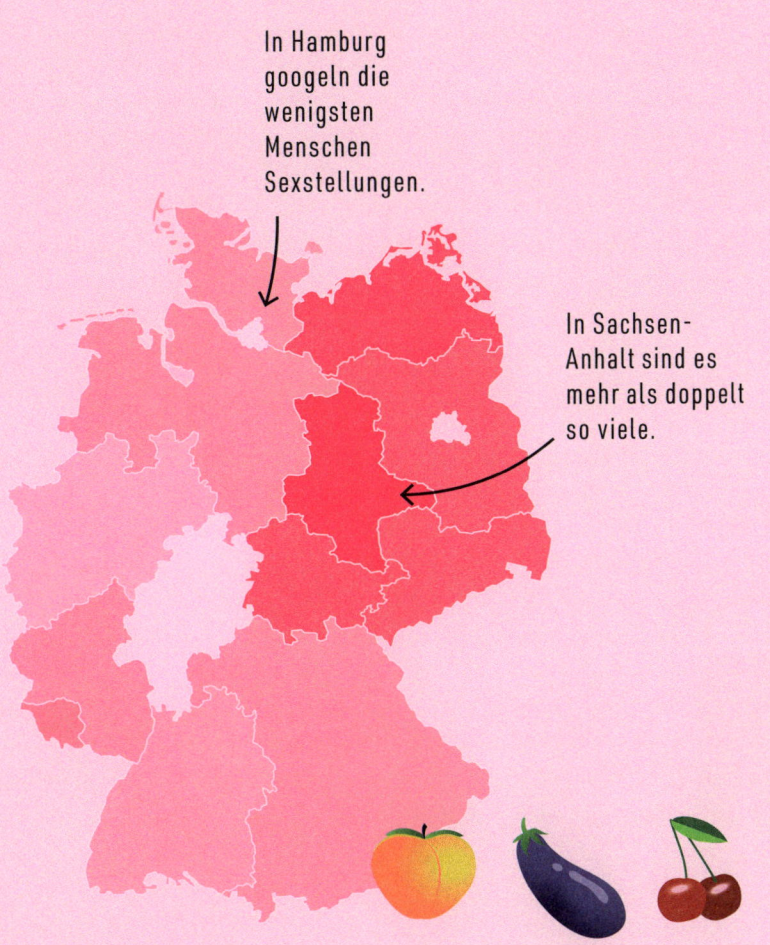

Wie alt Frauen und Männer beim ersten Mal sind

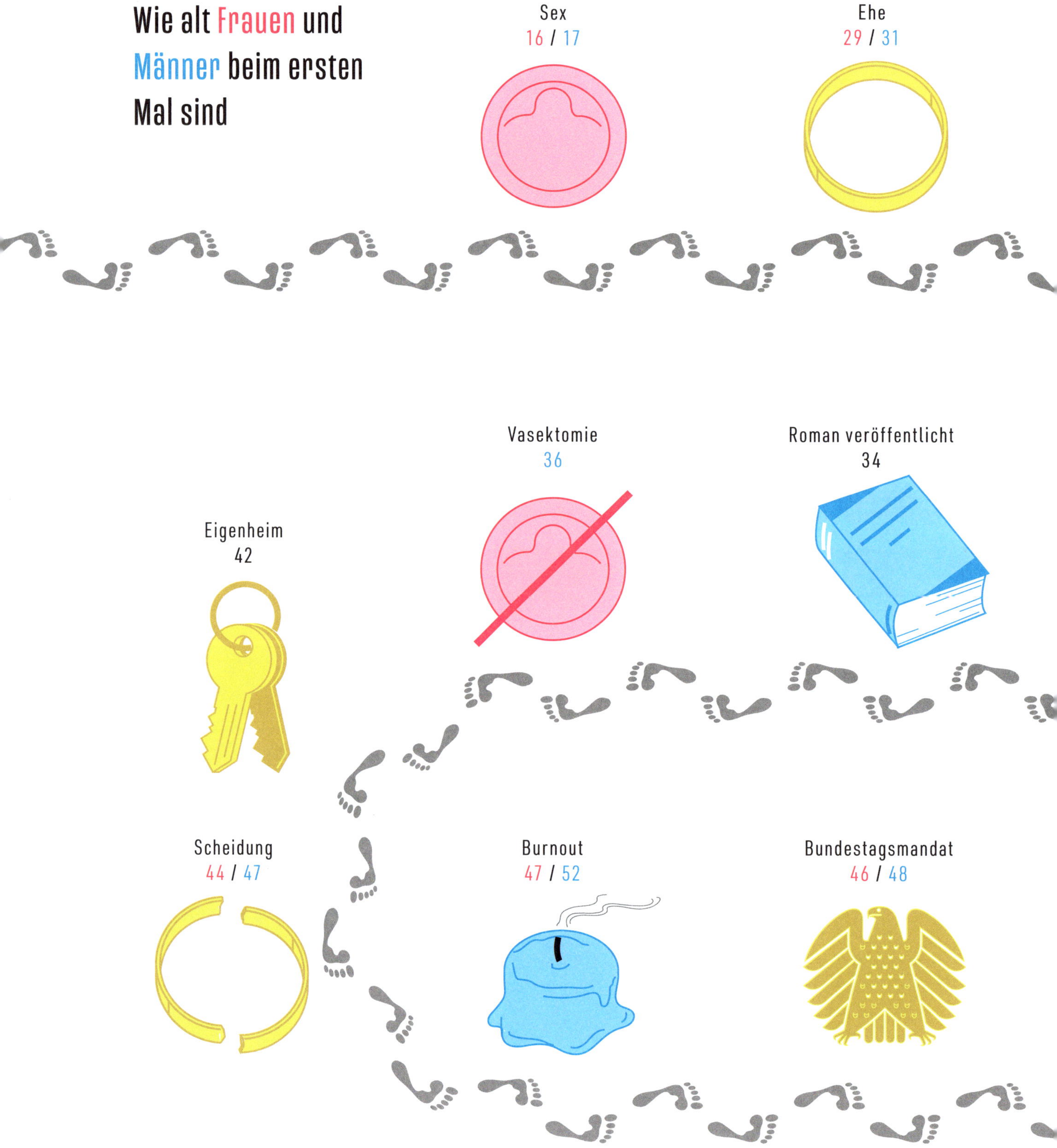

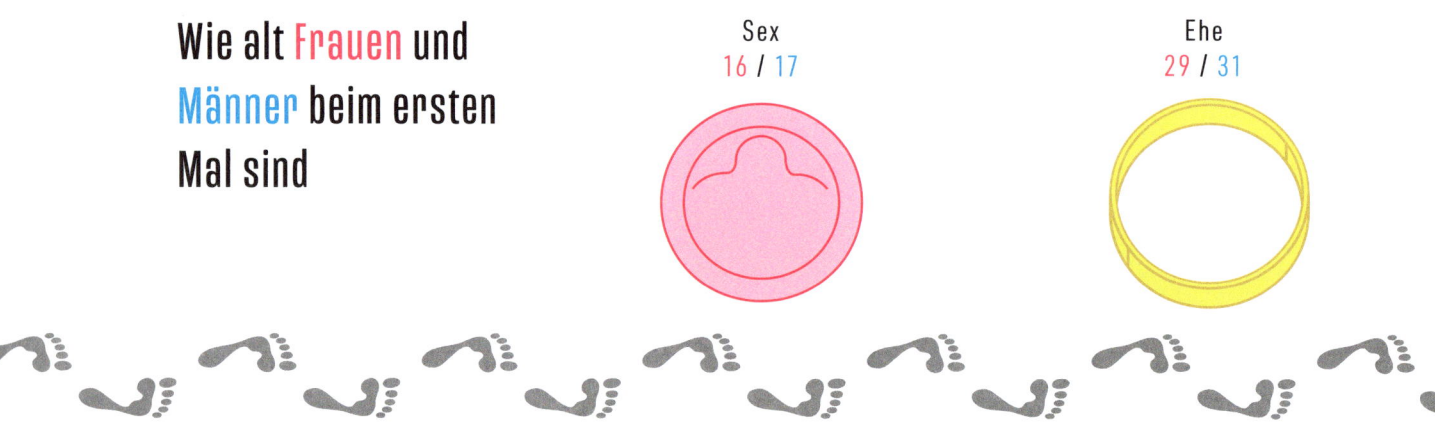

	Sex	Ehe
	16 / 17	29 / 31

Eigenheim	Vasektomie	Roman veröffentlicht
42	36	34

Scheidung	Burnout	Bundestagsmandat
44 / 47	47 / 52	46 / 48

Kind
29 / 32

Brust-
vergrößerung
31

Eigenes
Unternehmen
33

Erste Male im Leben

Die ersten Male bestimmen, ob man als frühreif, Spätzünder oder Durchschnittstyp gilt.
Sie markieren den Beginn des Beziehungslebens im Teenager-Alter, der Familienplanung in den späten Zwanzigern und der unternehmerischen und kreativen Hochphase in den Dreißigern. Den Nobelpreis gibt es zwar erst mit 67, den wissenschaftlichen Durchbruch hatten die Preisträger aber bereits mit 37. In den Vierzigern dann: Haus gebaut und ausgelaugt. Aber keine Sorge. Ein Schiff wird kommen – und es wird ein Kreuzfahrtschiff sein.

Augenlider straffen
53 / 57

Kreuzfahrt
ca. 60

Nobelpreis
67

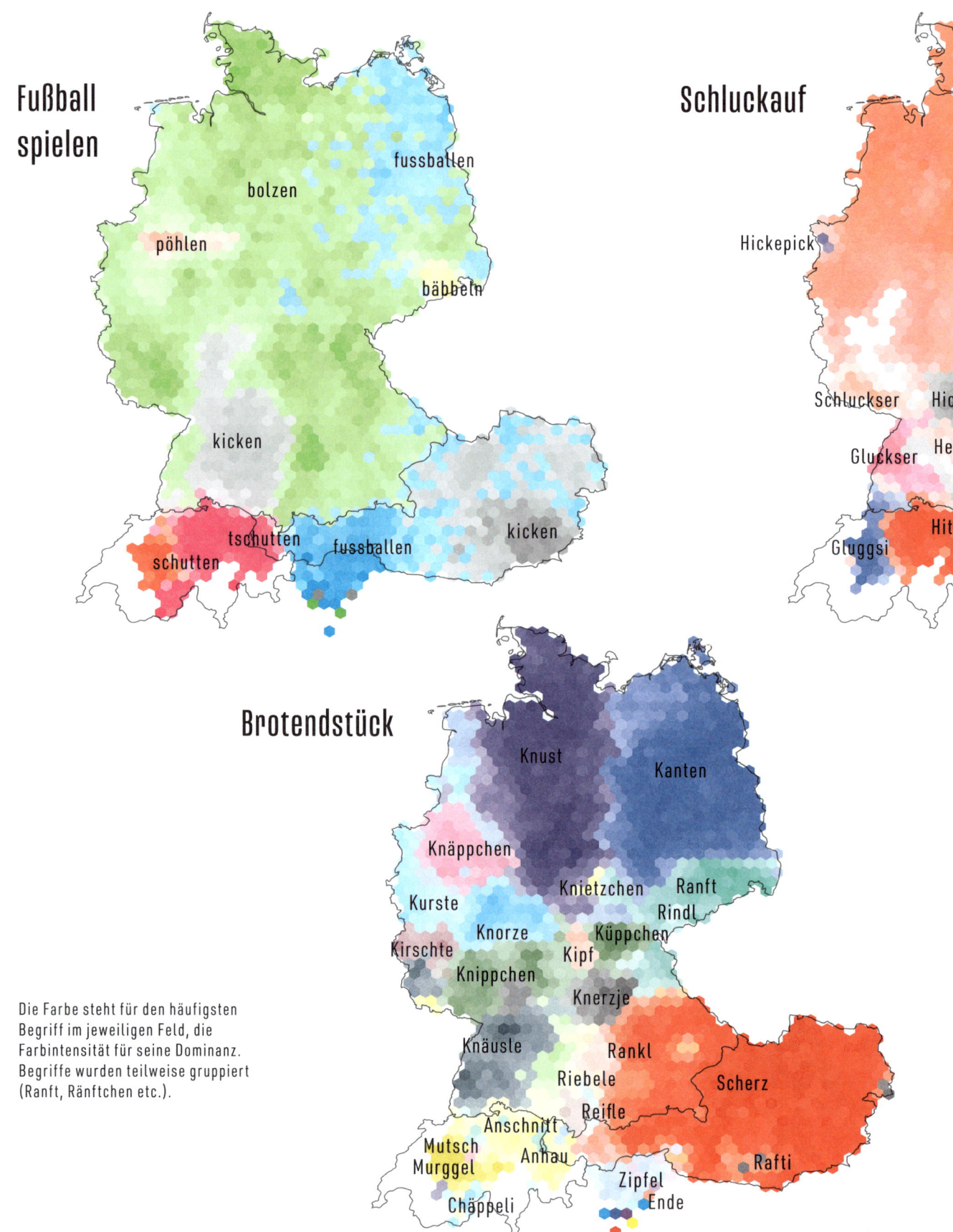

Wo man wie sagt

92 Millionen Menschen sprechen Deutsch. Es gilt als vielfältigste Sprache Europas. Hochsprachen und Dialekte überlagern sich. Der Wortschatz ist überall anders. Und doch gehen Begriffe wie »bäbbeln« oder »pöhlen« verloren, weil es einfacher ist, wenn alle »bolzen« sagen. Sprachforscher der Universität Bern beobachten aber auch, dass sich in Süddeutschland, in der Schweiz und Österreich die Sprache weniger verändert, vermutlich weil Dialekt dort ein höheres Ansehen hat. Und in Ostdeutschland sind Begriffe wie »Käntchen« Teil einer neuen Ostidentität geworden, während die gleichen Worte im Westen verloren gegangen sind.

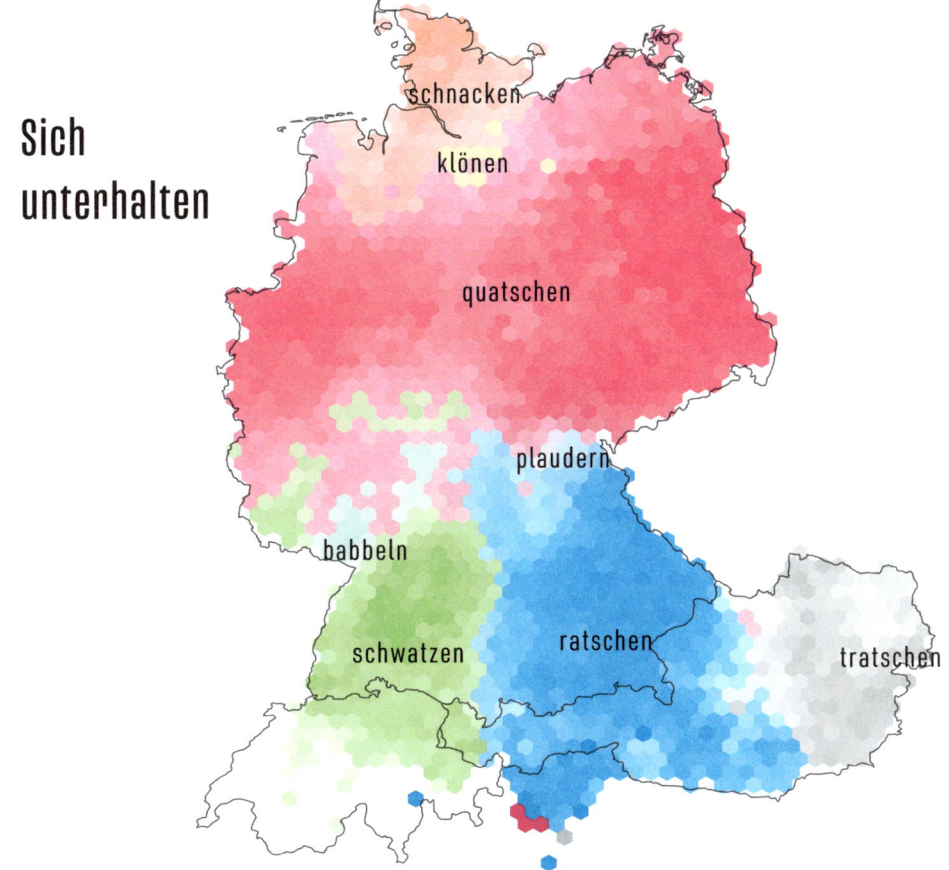

Sich unterhalten

-tal

-ingen

-in

Wie deutsche Ortsnamen enden

Orte, die auf -tal enden, würde man vor allem in den Bergen erwarten. Dort aber sind sie eher selten. Womöglich ist zwischen steilen Felsen das Tal zu allgegenwärtig und unspezifisch. Oft wurde das offene und weite -tal aber auch bei Gebietsreformen gewählt. Die Endung -bach hingegen häuft sich da, wo viele Bäche sind. Die Endung -leben kommt von Lehen, also von Grundherren überlassenes Land, -um ist friesisch für Heim und -scheid bedeutet Grenze. Aus dem Slawischen stammen meist -ow, -itz und -in – und sind entsprechend im Osten verbreitet.

Endungen wurden gruppiert
(-haus, -husen etc.)

Höllische Berge

Berge sind gefährlich. Es macht Sinn, vor ihnen zu warnen, indem man ihnen diabolische Namen gibt. Der Teufelsgrat am Mont Blanc war schon oft tödlich. Seltsam nur: Je niedriger ein Berg, desto höher scheint die Wahrscheinlichkeit, dass er einen Namen wie aus der Hölle erhalten hat. Der Höllenberg in der Lüneburger Heide beispielsweise ist 93 Meter hoch und wird auf Wikipedia als »sanft abfallend« beschrieben. Oder wie man in Niedersachsen sagt: ein Höllenritt.

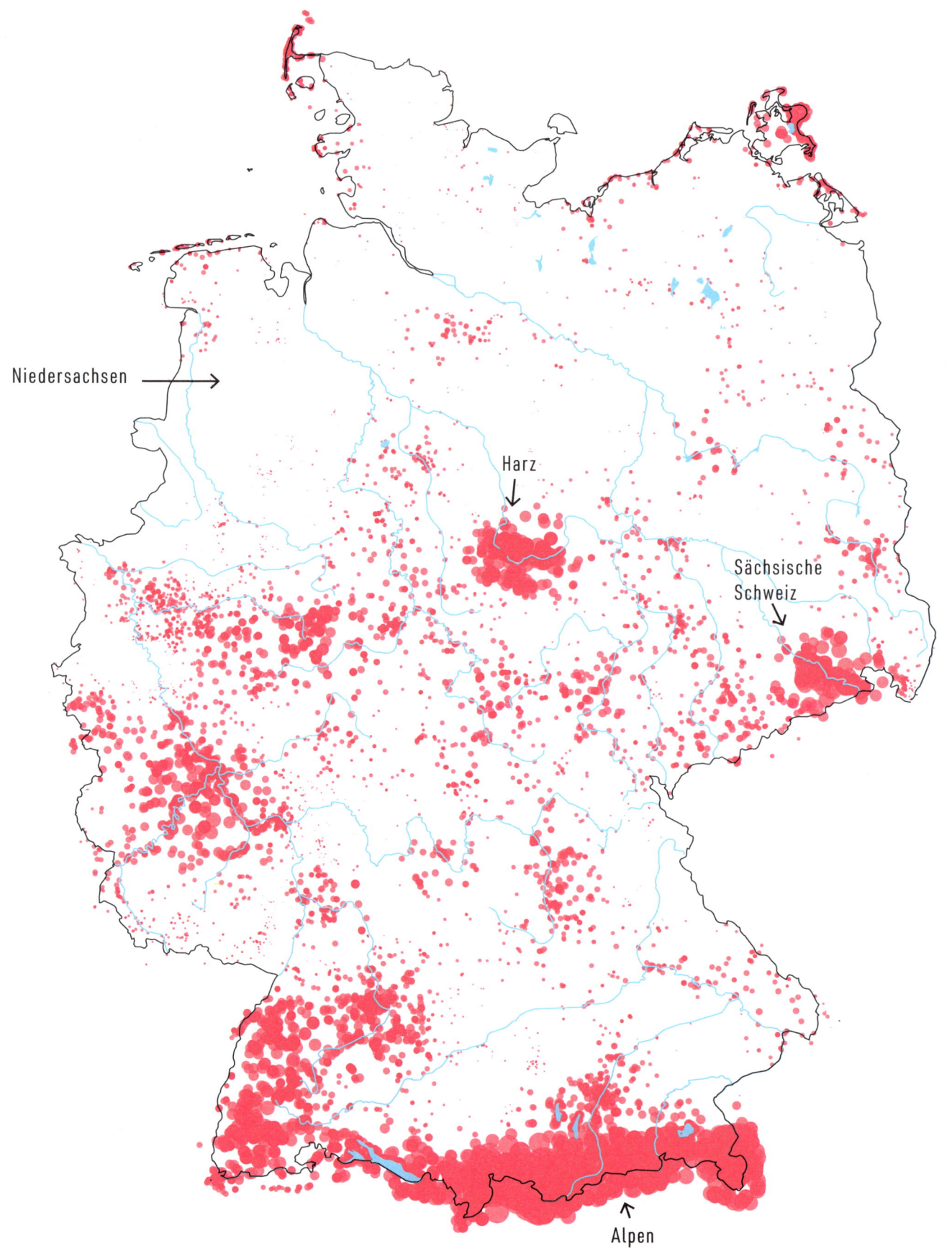

Wo die deutsche #Landschaft instagrammable ist

Landschaft ist eigentlich überall. Aber nur selten fühlen sich Felder, Wiesen und Wälder auch wie Landschaft an. Die Karte zeigt, wo Instagrammer besonders viele Fotos mit dem Hashtag #Landschaft posten, also wo die deutsche Landschaft als schön empfunden wird. Die Alpen stechen hervor, aber auch das Rheingebiet, die Ostseeküste, der Harz und die Sächsische Schweiz. Interessanterweise sind das die gleichen Orte, an denen schon im 19. Jahrhundert besonders viele Landschaftsgemälde entstanden. Landschaft ist eben nicht von Natur aus schön, sondern über Jahrhunderte antrainierte Ästhetik.

■ Überverhältnismäßig viele Fotos mit Hashtag #Landschaft auf Instagram (2015)

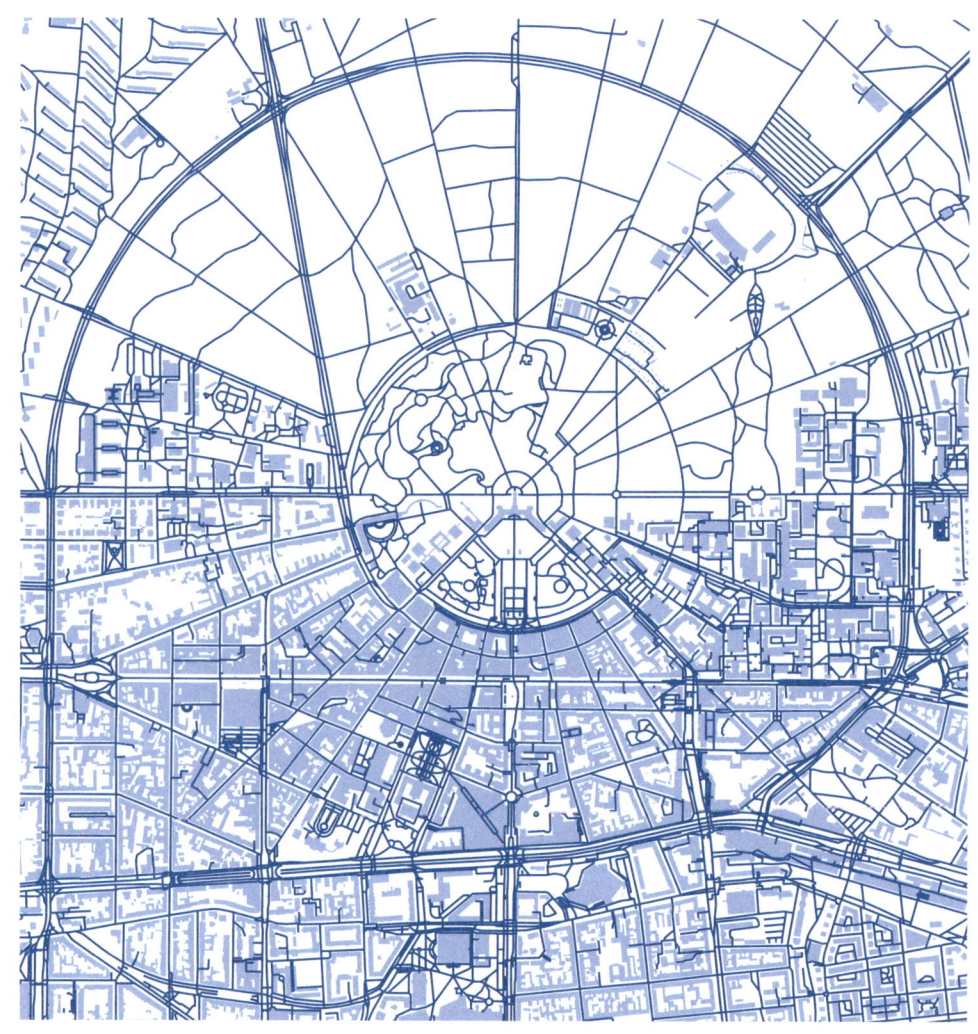

Rundeste Stadt Deutschlands: Karlsruhe

Die meisten deutschen Städte wurden im Mittelalter gegründet und sind wild gewachsen (während der Wald um sie herum schrumpfte, siehe Seite 58). Mit engen Gassen und Verzweigungen zum Verzweifeln. Karlsruhe hingegen wurde 1715 als Residenzstadt am Reißbrett entworfen. Zuzügler hatten genau zwei Hausmodelle zur Auswahl. Im Zentrum stand das Schloss.

Quadratischste Stadt Deutschlands: Freudenstadt

Auch das 1599 gegründete Freudenstadt entstand am Reißbrett. Einerseits als Festung, aber auch als politische Idee: Wieder stand die Herrschaft im Zentrum. Viele solcher Planstädte gibt es allerdings nicht. In Freudenstadt sieht man warum: Schnell begann man wieder wild durcheinander zu bauen. Städte bilden das Leben ab und das ist nun mal chaotisch.

Deutsche Wüste

Die Lieberoser Wüste an der Bundesstraße 168 in Brandenburg sieht genauso aus, wie eine Wüste auszusehen hat. Gelblicher Sand fast bis zum Horizont und steppenhafter Bewuchs. Ein Waldbrand räumte die Fläche einst frei. Dann war sie Truppenübungsplatz und jetzt Naturschutzgebiet, Fotokulisse und Abenteuerspielplatz. Vor allem aber ist sie: Deutschlands einzige Wüste.

Anteil der Waldfläche im heutigen Deutschland

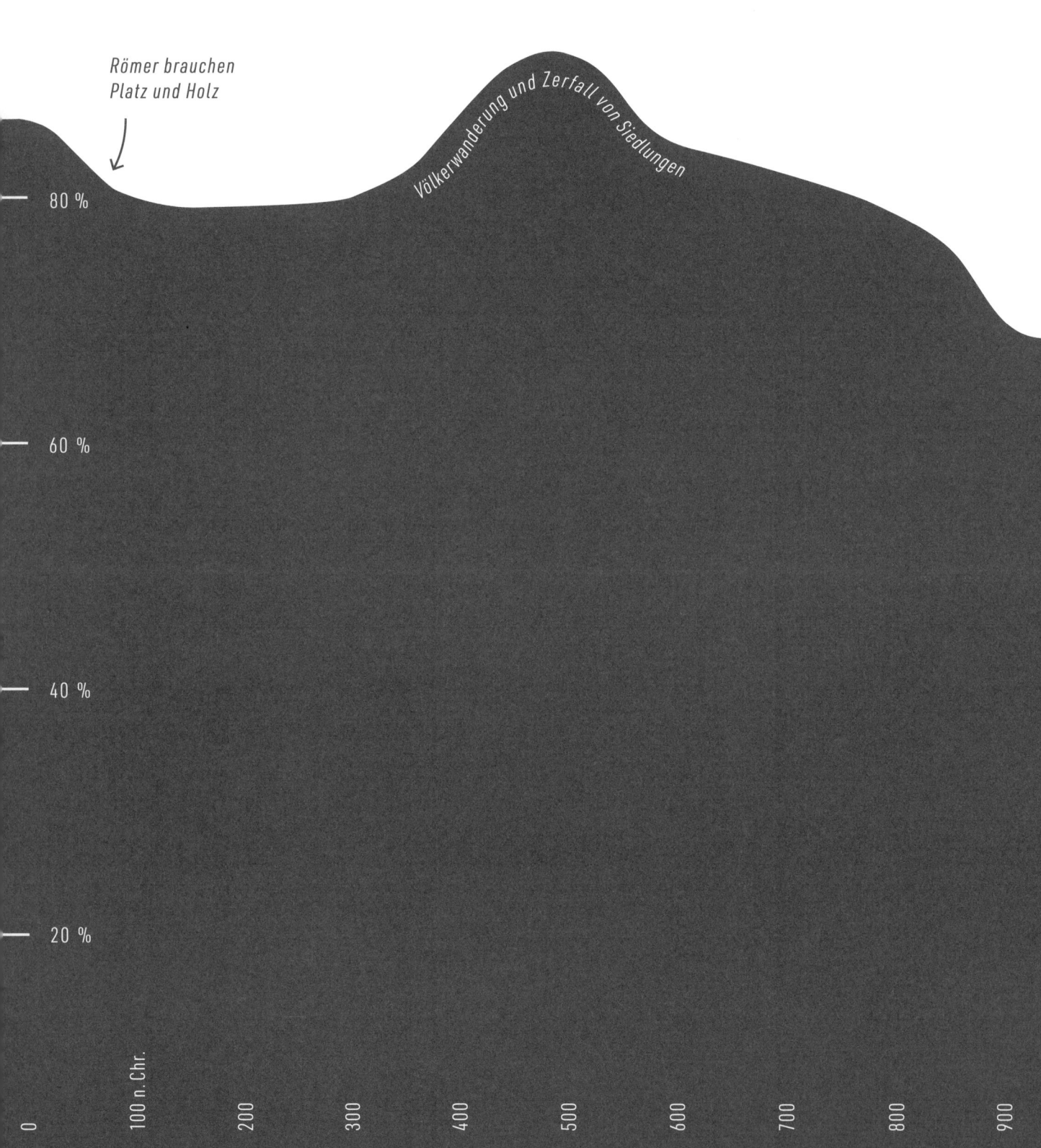

Der deutsche Wald seit Jesus Christus

Wald verschwindet, weil man ihn rodet. Ohne Menschen wäre Deutschland ein einziger großer Wald. Die klimatischen Veränderungen im Mittelalter führten zu größeren Ernten und einem Anwachsen der Bevölkerung – der Wald schwand. Die scharfe Trennung von Wald und Weide gibt es allerdings erst seit dem 19. Jahrhundert. Zuvor war Wald oft Teil der Landwirtschaft, Weidegrund für Nutztiere und Beerenlieferant. Auch wächst der Wald seither trotz stark wachsender Bevölkerung. Man braucht ihn als ständigen Holzlieferanten.

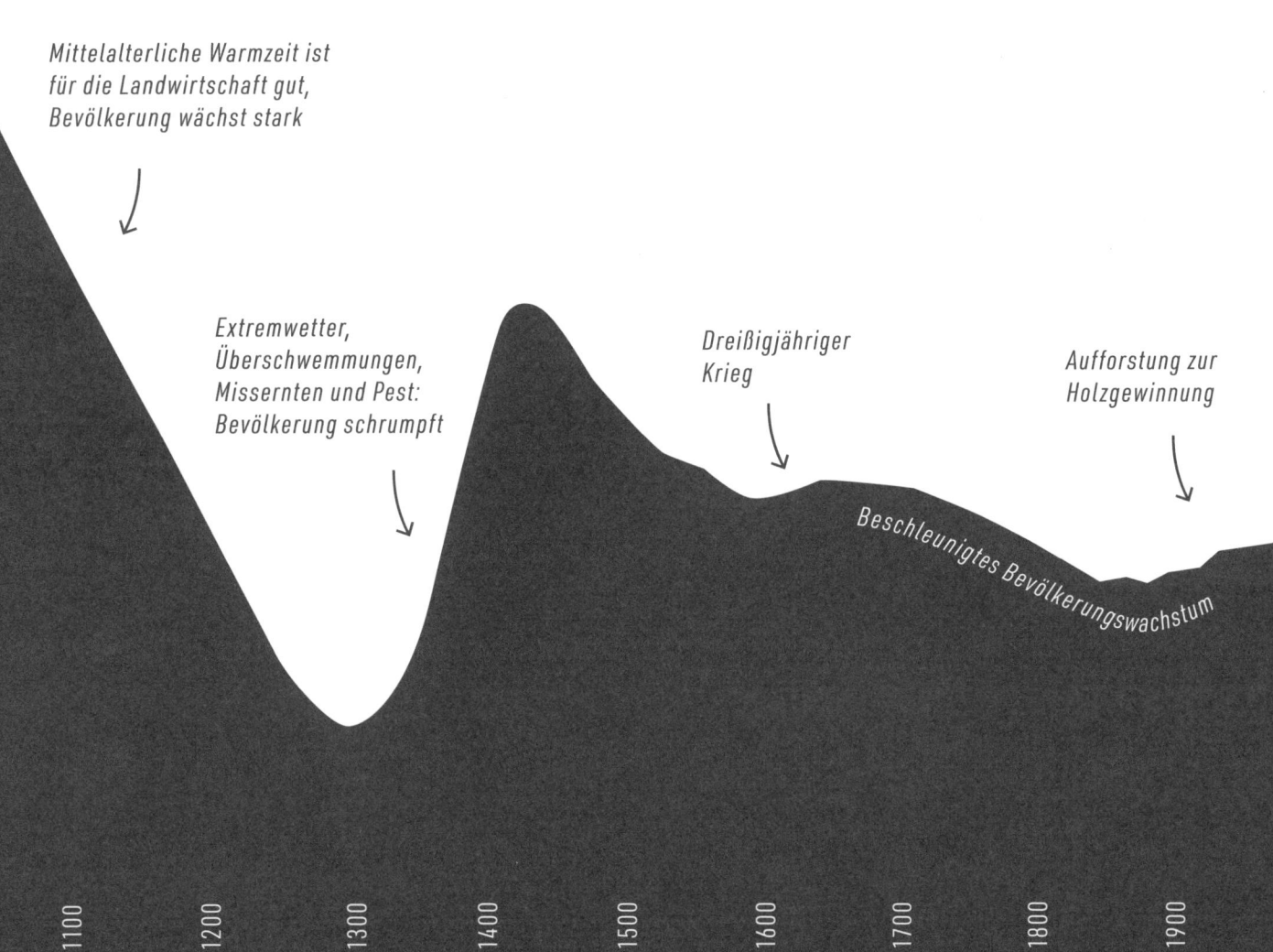

Mittelalterliche Warmzeit ist für die Landwirtschaft gut, Bevölkerung wächst stark

Extremwetter, Überschwemmungen, Missernten und Pest: Bevölkerung schrumpft

Dreißigjähriger Krieg

Aufforstung zur Holzgewinnung

Beschleunigtes Bevölkerungswachstum

Der Rhein.
Er ist kompliziert.

Der Rhein ist von Natur aus eigentlich mehr Wasserlandschaft als Fluss. Im 19. Jahrhundert jedoch sollte ihn Johann Gottfried Tulla begradigen. Das tat er, und wie: Zwischen Basel und Worms wurde der Rhein von 345 Kilometer auf 273 gekürzt und über 2200 Inseln beseitigt – größtenteils mit Muskelkraft. Es war das größte deutsche Bauprojekt. Trotzdem ist der Rhein heute nicht einfach eine Linie. Man sieht noch immer die alten Mäander und die Seen, wo vor Jahrtausenden der Ostrhein in den Westrhein umgezogen ist. Andere Seen sind zur Kiesgewinnung entstanden und als Badespaß geblieben. Und dieser USB-Stick auf der Karte, das ist der Karlsruher Hafen.

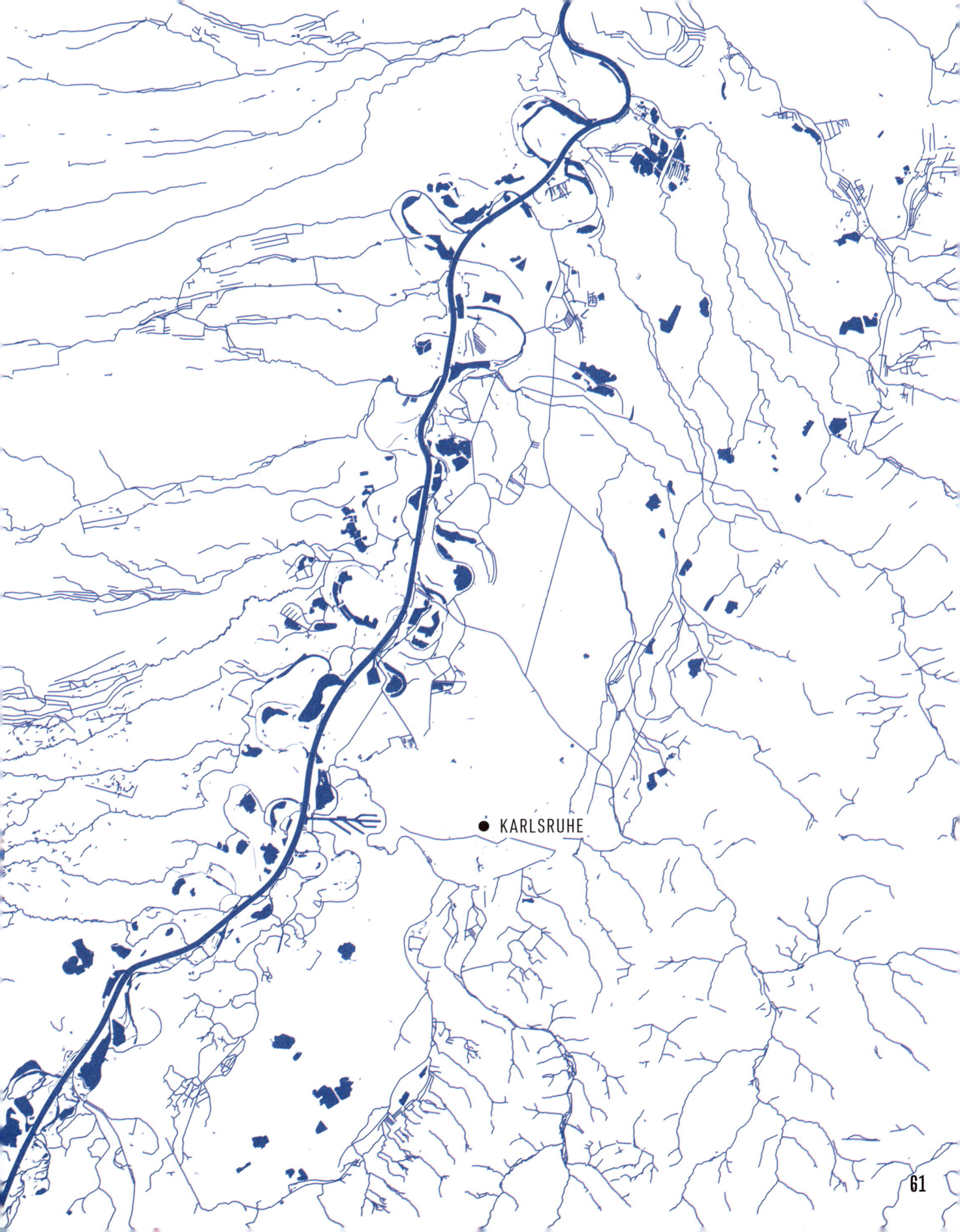

Einsame Inseln mit nur einem Haus/Hof

Eine Insel ist erst dann eine echte Insel, wenn auch das Haus darauf von keinen Häusern umgeben ist. Bei diesen hier ist das so. Was man auf ihnen tun kann? Den Weinberg pflegen auf dem Bacharacher Werth, Rosenstöcke schneiden auf dem Starnberger See oder Vögel beobachten auf Scharhörn, in Ruhe gelassen vom Rest der Welt.

Liebitz
Ostsee

Kisselwörth
Rhein

Wörth
Staffelsee

Marieninsel
Großer Ostersee

Roseninsel
Starnberger See

Mühlwörth
Staffelsee

Scharhörn
Nordsee

Trischen
Nordsee

Südfall
Nordsee

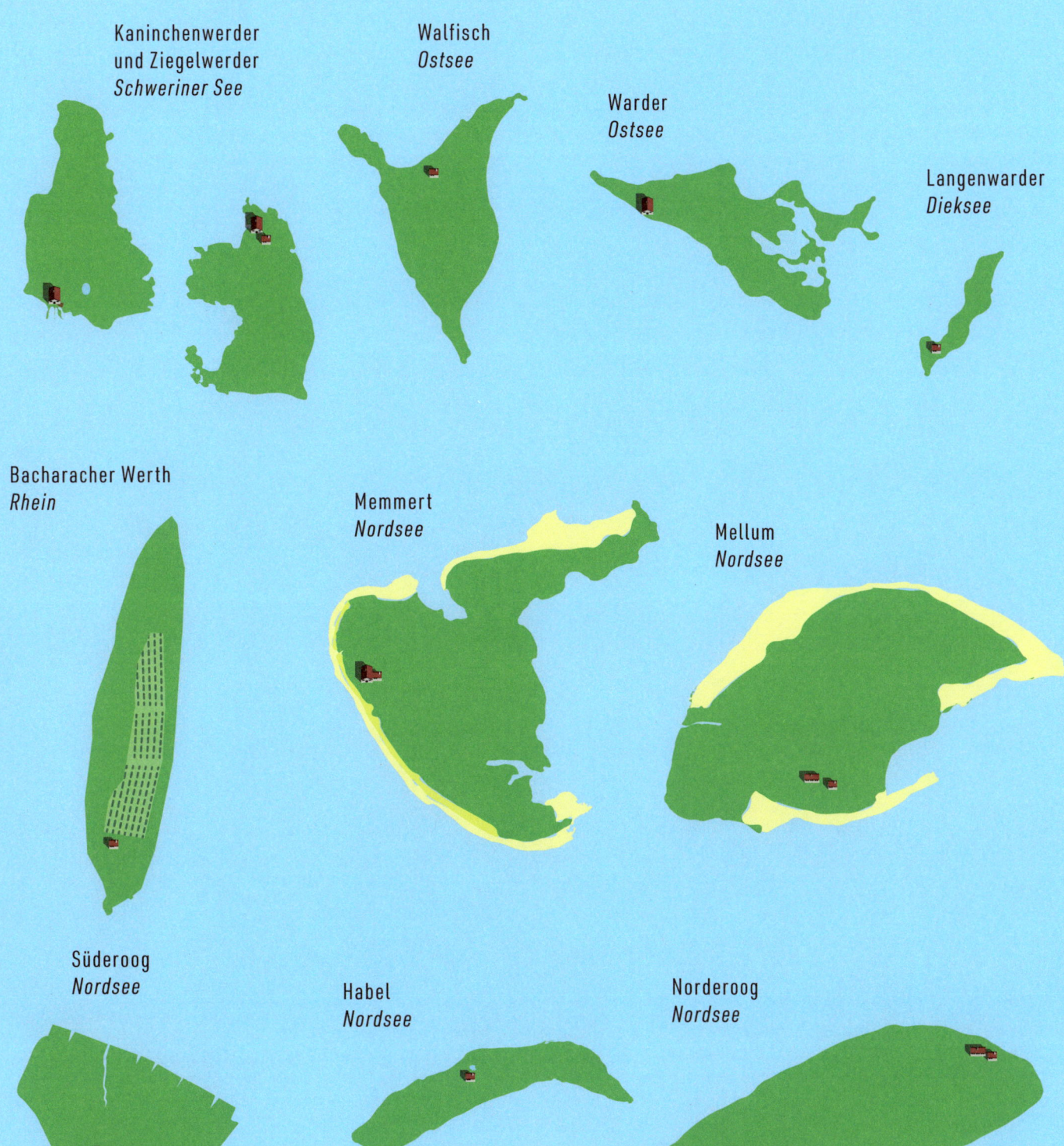

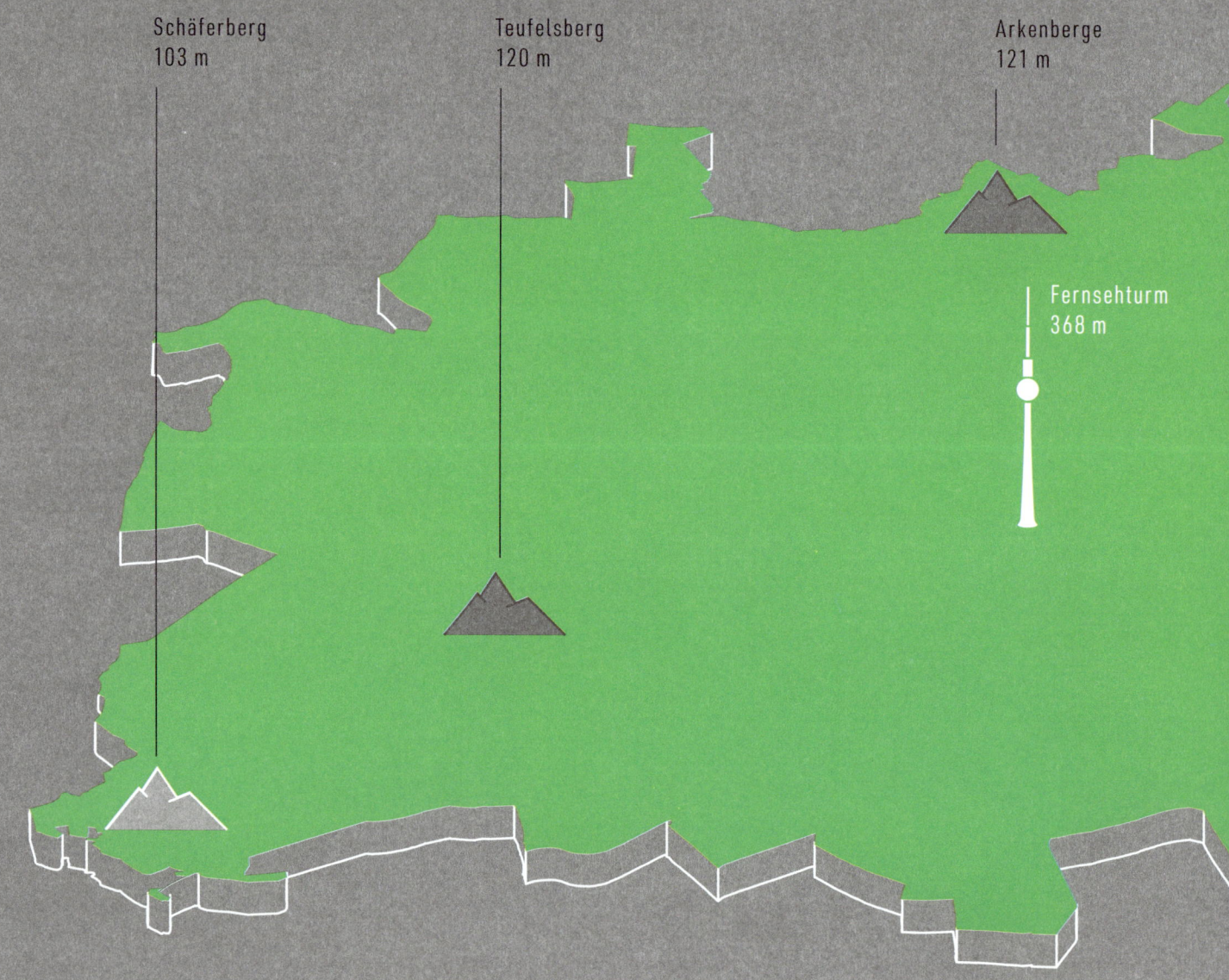

Berliner Berge, die höher als 100 Meter sind

Berlin übertrifft sich immer wieder selbst. Der höchste Berg der Stadt, der Arkenberg, ist erst vier Jahre alt. Er besteht aus Bauschutt und gilt als noch unvollendet. Berge entstehen in Berlin in schöner Regelmäßigkeit. Die Ahrensfelder Berge entstanden als Schuttberge in den achtziger Jahren, als die DDR die Hochhaussiedlung Marzahn aus dem Boden stampfte. Der Teufelsberg ist ein Trümmerhaufen aus dem Zweiten Weltkrieg. Während des Kalten Krieges hörte der amerikanische Geheimdienst von seiner Kuppe aus den Osten ab. Der nächste Berliner 100er wird nach dieser Rechnung also in circa 30 Jahren entstehen.

OSTMASSIV

Kienberg
102 m

Ahrensfelder Berge
114 m

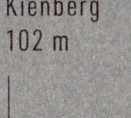

Großer Müggelberg
115 m

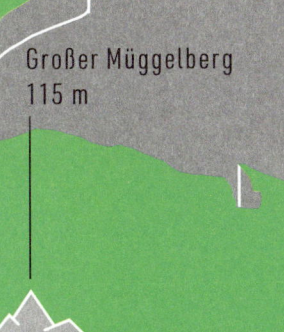

☐ natürlicher Berg
■ aufgeschütteter Berg

Jährlicher Verbrauch von PET-Einwegflaschen als Berliner Berg

16,4 Milliarden PET-Einwegflaschen verbraucht Deutschland jedes Jahr, so eine Schätzung der Deutschen Umwelthilfe. Angenommen, jede hätte 1,5 Liter Volumen und man könnte sie ohne Zwischenräume stapeln, wäre das ein Kegel mit einer Höhe und einem Radius von 286 Metern. Auf die meisten dieser Flaschen wird Pfand erhoben und sie werden recycelt, also zu neuem Plastik verarbeitet. Mehrwegflaschen aus PET hingegen werden mindestens 15-mal wieder befüllt, was ökologisch ein wenig besser ist. Das eigentliche Problem aber ist der Flaschenverbrauch. In vielen war ja einfach nur: Wasser.

Deutschlands größtes Loch

Schaufelradbagger sind gewaltige Maschinen. 100 Meter hoch, über 200 Meter lang, sechsmal größer als die größten Dinosaurier. Seit 40 Jahren fräsen sie Schicht für Schicht im Hambacher Tagebau ab, um Braunkohle zu gewinnen. Das Loch – bis zu 500 Meter ist es tief – ist heute sogar auf Deutschlandkarten sichtbar (es wurde auf der Karte nicht vergrößert). Die Kölner Innenstadt wirkt daneben klein. Der Hambacher Forst, ein Waldstück am Grubenrand, sollte nun ebenfalls verschwinden. Der jüngste Protest dagegen war aber vor allem ein Protest gegen den Braunkohleabbau: Kein anderer Energieträger verursacht so viel CO_2.

Weltkarte mit drei versteckten Deutschländern

Kugeln lassen sich nicht ohne Verzerrung auf Flächen übertragen. Für Karten wird häufig die Mercator-Projektion verwendet. Allerdings macht sie Landflächen am Äquator klein und solche näher an den Polen groß. Was sinnvoll ist, wenn man Europa detailliert darstellen will, aber eben verzerrt. In dieser Karte ist Deutschland noch drei weitere Male versteckt, immer mit der exakt gleichen Fläche.

Wo jede dritte europäische Kartoffel herkommt

Es ist Mode geworden, Deutsche als Kartoffeln zu bezeichnen. Manche würden auch sagen: zu beschimpfen. Angeblich, weil Deutsche Kartoffeln lieben. Doch die mit Abstand größten Kartoffelliebhaber Europas sind die Letten: 117 Kilo pro Kopf und Jahr. Gefolgt von den Briten und den Polen mit jeweils über 100 Kilo. Die Deutschen sind mit rund 60 Kilo nicht mal über dem europäischen Durchschnitt. Wahr ist aber, dass die Deutschen – nach den Holländern und Franzosen – größte Kartoffelexporteure der Welt sind. Die Deutschen wollen ihre Kartoffeln also vor allem loswerden. Kann das Liebe sein?

Konventionelles Feld (2 ha) eines Familienbetriebs

- Lohnkosten 769,00 €
- Kartoffelpflanzgut 1168,00 €
- Hagelversicherung 67,00 €
- PK-Dünger 84,00 €
- Kalkammonsalpeter 133,00 €
- Kalimagnesiadünger 251,00 €
- Insektizid 35,00 €
- Krautabtötung 40,00 €
- Ölrettichsaatgut 54,00 €
- Herbizid 128,00 €
- Fungizid 219,00 €
- Wasser 4,00 €
- Zinskosten 21,00 €
- Kohlensaurer Kalk 41,00 €

Was kostet eigentlich so ein Kartoffelacker?

Der Kartoffelanbau ist von der Saat bis zur Ernte durchmaschinisiert. Entsprechend groß ist der Kostenposten der Maschinen. Die Kartoffel wächst ohne viel Zutun und ist robust. Das macht sie relativ lukrativ. Ein bisschen Unterstützung braucht sie aber: Fungizid gegen Pilze, Herbizid gegen Unkraut, kohlensaurer Kalk, damit der Boden nicht versauert, und Ölrettich als Zwischenfrucht, um das Feld fruchtbar zu halten. Der Wasserverbrauch schwankt je nach Region: Im Süden Deutschlands muss man Kartoffeln bewässern, im Norden reicht der Regen. Nicht in den Kosten enthalten ist die Pacht, da sie regional sehr unterschiedlich ist.

Maschinenkosten
2707,00 €

Ertrag[1]:   8190 €
Kosten: 5721 €
Gewinn[2]: 2469 €

1) Staatliche Zuschüsse nicht eingerechnet
2) Pacht und Hofkosten nicht eingerechnet

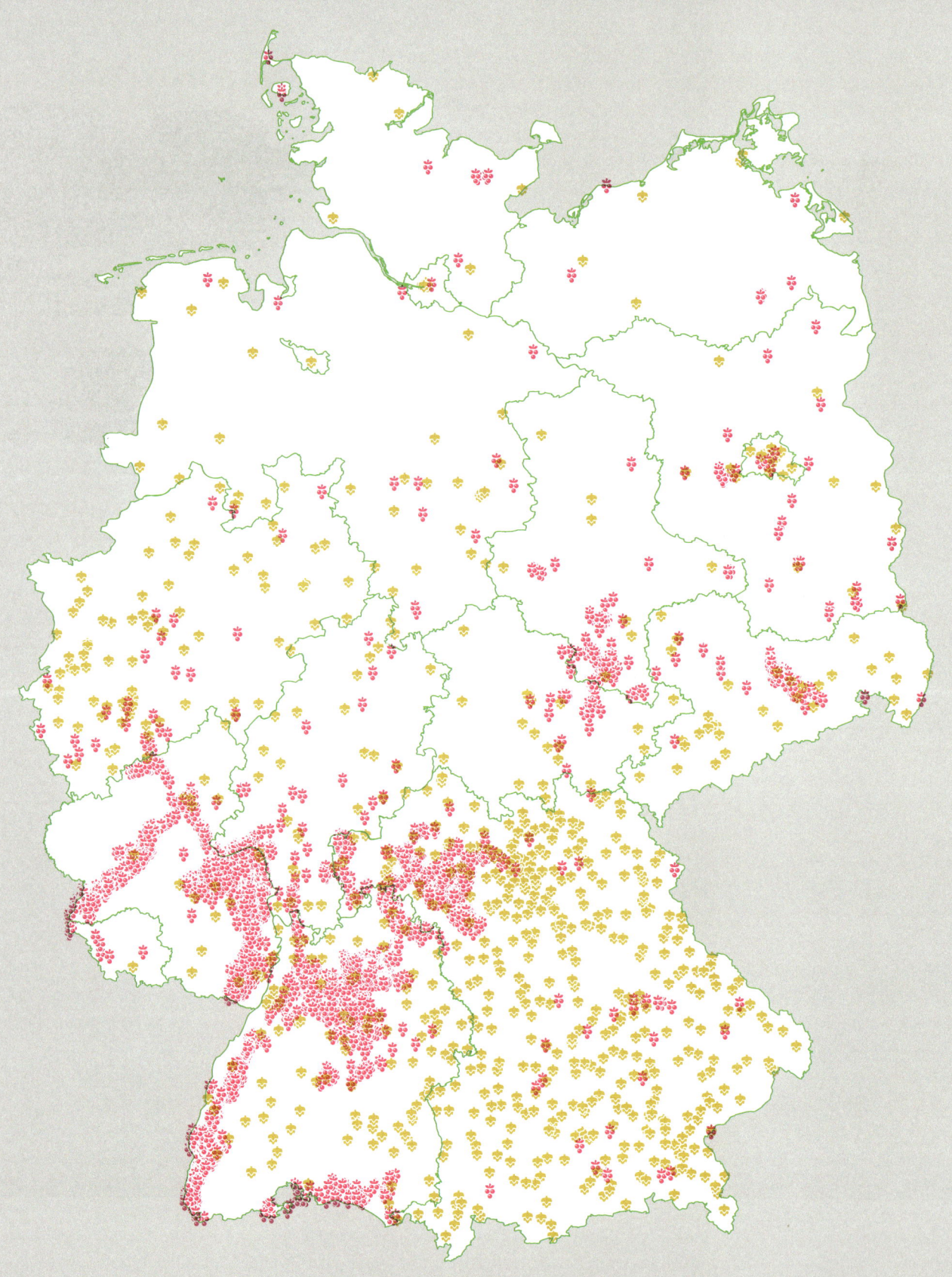

Wo trotz allem Weintrauben wachsen

»Ach, man kann so weit im Norden Wein anbauen?« Nichts lieben die Winzer nördlich von Sachsen so sehr wie diese Frage. Wahrscheinlich ist sie sogar der einzige Grund, weshalb sie ihre Weinberge überhaupt betreiben. Manche spekulieren vielleicht zudem noch auf die Klimaerwärmung. Der Weinberg im Norden ist eben weniger Landwirtschaft, sondern ein Statement. Dass man nicht bereit ist, sich so zu verhalten, wie die Natur, die Gesellschaft, das Klima, die Landwirtschaftspolitik und Weingenießer es von einem erwarten.

Weinberg
gemäß Karte

Brauerei
gemäß Telefonbuch

Liter reiner Alkohol pro Kopf und Jahr

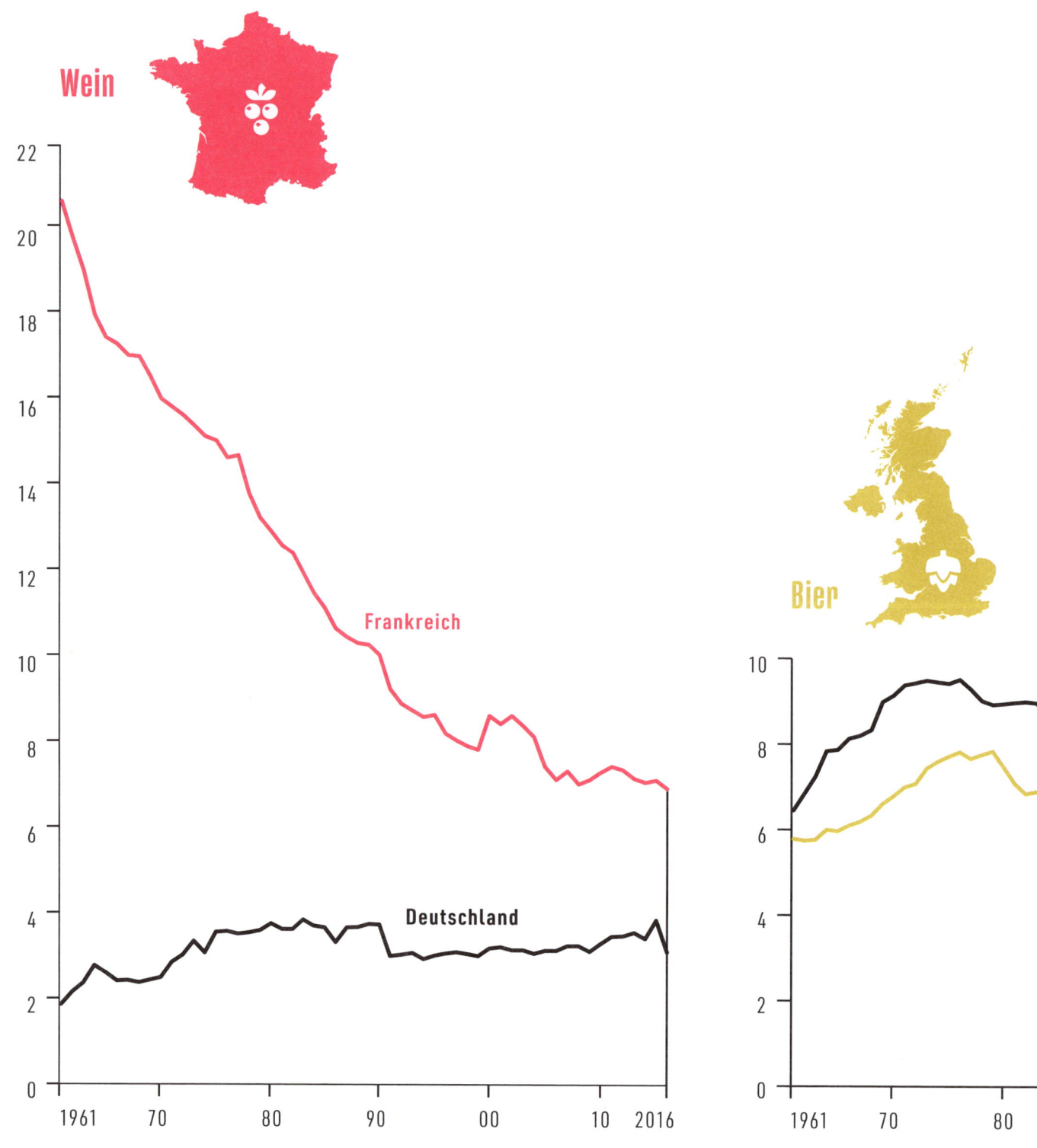

Trinken wie die Russen, Briten und Franzosen

Wenn die europäische Integration in einer Sache gelungen ist, dann beim Alkoholkonsum. Europas Trinkkulturen gleichen sich immer weiter an. Der Franzose, der zu jeder Mahlzeit ein Glas Wein trinkt? Der Russe, der nur mit Wodka anstößt? Die Deutschen und die Briten, für die es nur Bier sein darf? Klischees aus der Vergangenheit. Steuern, Verkehrsregeln und Altersbeschränkungen drücken überall den Konsum, vor allem aber in Frankreich, wo einst Millionen von Bauern Alkohol selbst herstellen durften und die Preise für Wein im Keller lagen.

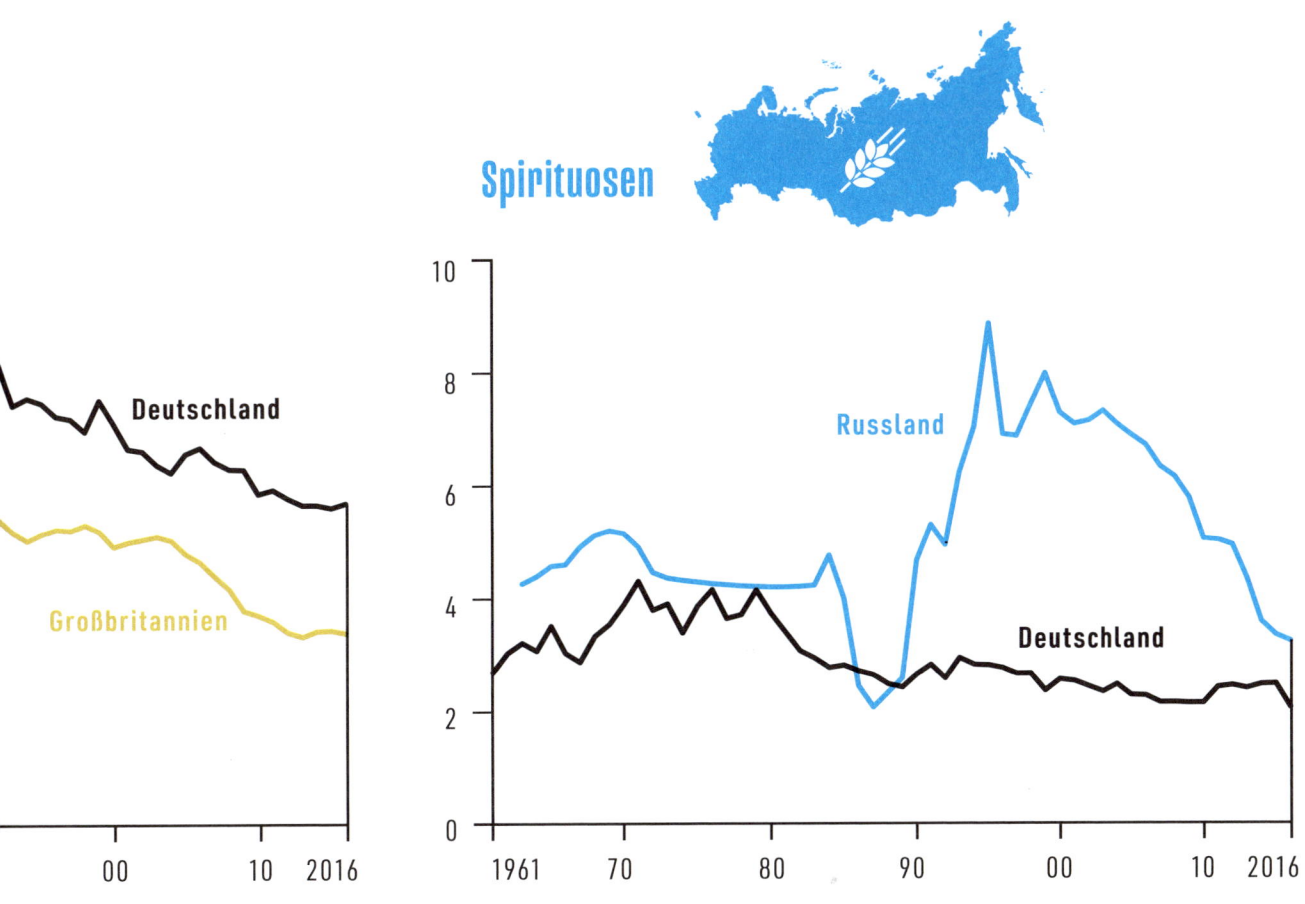

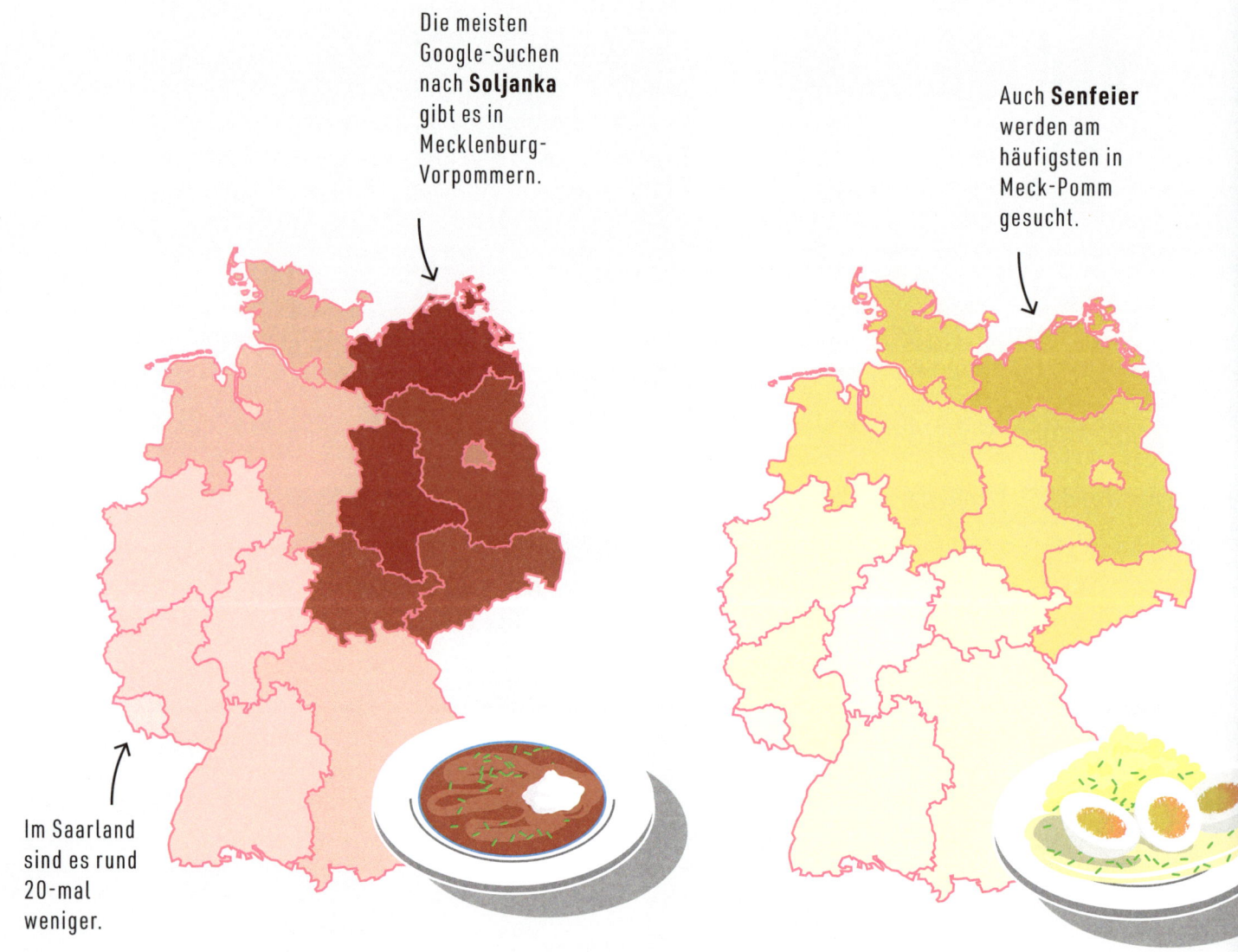

Die meisten Google-Suchen nach **Soljanka** gibt es in Mecklenburg-Vorpommern.

Im Saarland sind es rund 20-mal weniger.

Auch **Senfeier** werden am häufigsten in Meck-Pomm gesucht.

Spezialitäten, die aus gutem Grund regional geblieben sind

Labskaus ist in Hamburg zehnmal so beliebt wie in Rheinland-Pfalz.

Dafür sucht Rheinland-Pfalz nach **Saumagen**.

Regionen preisen gerne Speisen, die es nur bei ihnen gibt. So als ob es ein Qualitätsmerkmal wäre, dass niemand sonst sie zubereiten will. Die Karten zeigen, wo welche Rezepte besonders häufig gegoogelt werden und wo sie nicht so beliebt sind.

Spezialitäten, deren Herkunft geschützt ist

Der europäische Wirtschaftsraum hat das Lebensmittelangebot enorm erweitert. Gemüse aus Spanien, Käse aus Frankreich, Salami aus Italien. Damit ein dänischer Bauer sein Corned Beef aber nicht als italienische Delikatesse verkaufen kann, gibt es die geschützten Herkunftsbezeichnungen. Diese Produkte müssen in bestimmten Gemeinden, Landschaften oder Ländern hergestellt werden oder sogar ausschließlich nach bestimmten Verfahren. Der Allgäuer Emmentaler muss zum Beispiel mindestens drei Monate reifen. Man kann das als Qualitätsmerkmal interpretieren. Oder als Warnhinweis, dass es kein echter Emmentaler aus der Schweiz ist.

- Back-/Süßwaren
- Bier
- Fisch
- Fleisch
- Fleischerzeugnis
- Getränk
- Hopfen
- Käse
- Obst/Gemüse/Salat
- Öl
- Senf
- Teigwaren

Instagram-Fotos

Wann das Lebkuchenhaus die Lebkuchenherzen überholt

Lebkuchenherzen sind ein Teig dekoriert mit Lügen. Unwahrheiten wie »Du bist der Wahnsinn für mi« oder »Alles was ich brauch bist Du«. Instagram-Daten zeigen, dass das Lebkuchenherz vor allem im September beliebt ist, also in der Oktoberfestzeit. Ab November übernimmt das Lebkuchenhaus. Doch auch das Haus ist ein reines Lügenkonstrukt. Es wurde von einer Hexe als Köder entwickelt, um Hänsel und Gretel ihrer Freiheit zu berauben. Kurzum: Es gibt eigentlich nichts Gutes über Lebkuchen zu sagen. Außer dass sie sehr, sehr gut schmeckt, diese *sweet little lie*.

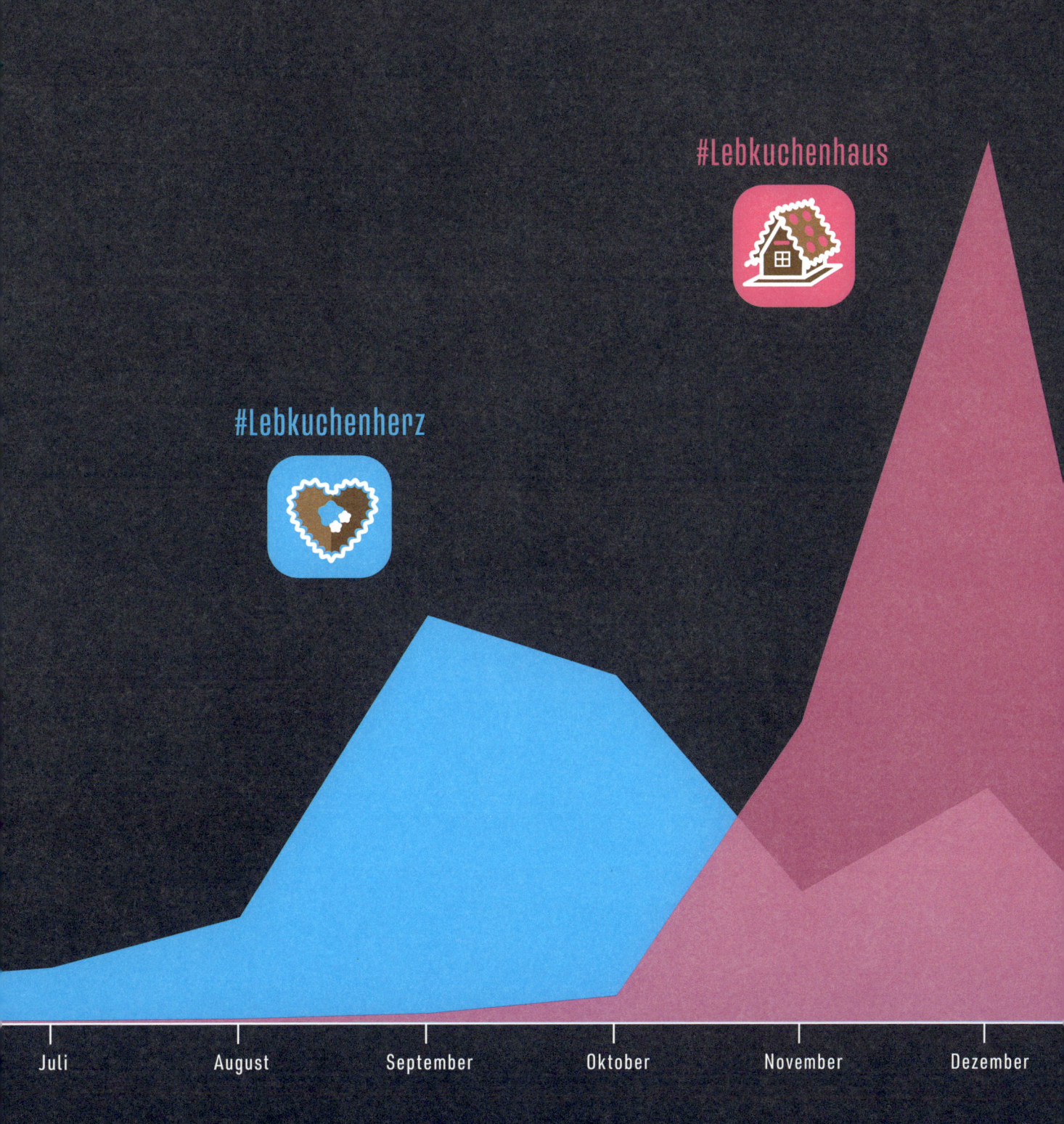

Wo Sylter Salatfrische NICHT herkommt:

Wo sie wirklich herkommt:
Neu Wulmstorf bei Buxtehude

Wo Helgoländer Waffeln NICHT herkommen:

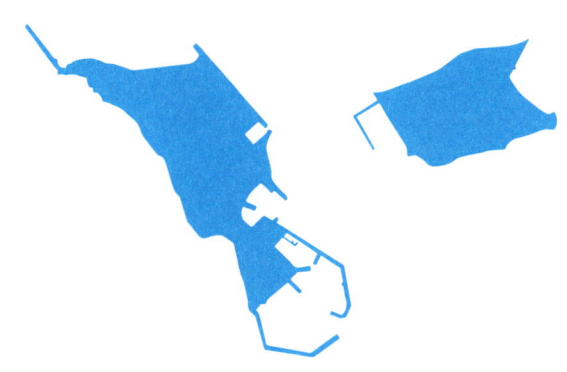

Wo sie wirklich herkommen:
Gronau (Westfalen)

Wie viel Bewegung Mastschweine haben

Gerade mal sechs Monate alt werden Mastschweine. Die Jugend verbringen sie im Ferkelstall. Dann geht es in den Maststall. Bei konventioneller Haltung müssen die Schweine dort zumindest 0,75 m² Platz haben. Zwölf bis 45 Tiere kommen meist in so eine Box. Durch die Rillen im Boden fließen Kot und Urin ab. Stroh ist selten. Nach sechs Monaten sind die Tiere schlachtreif, 95 Kilo schwer. Etwas mehr Bewegung haben Schweine für Biofleisch.

Konventionelle Haltung
Mind. 0,75 m² pro Tier

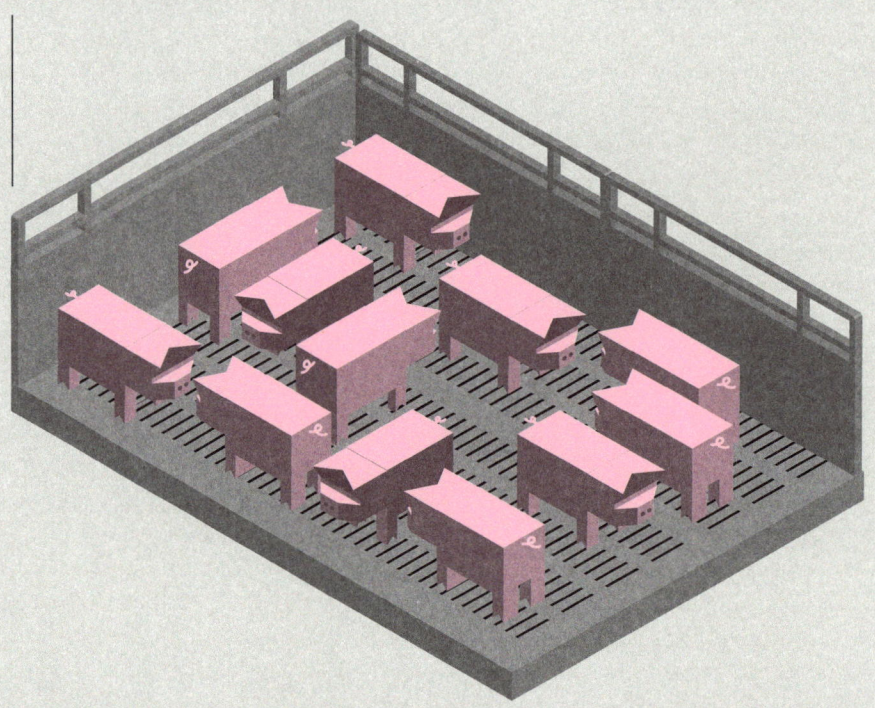

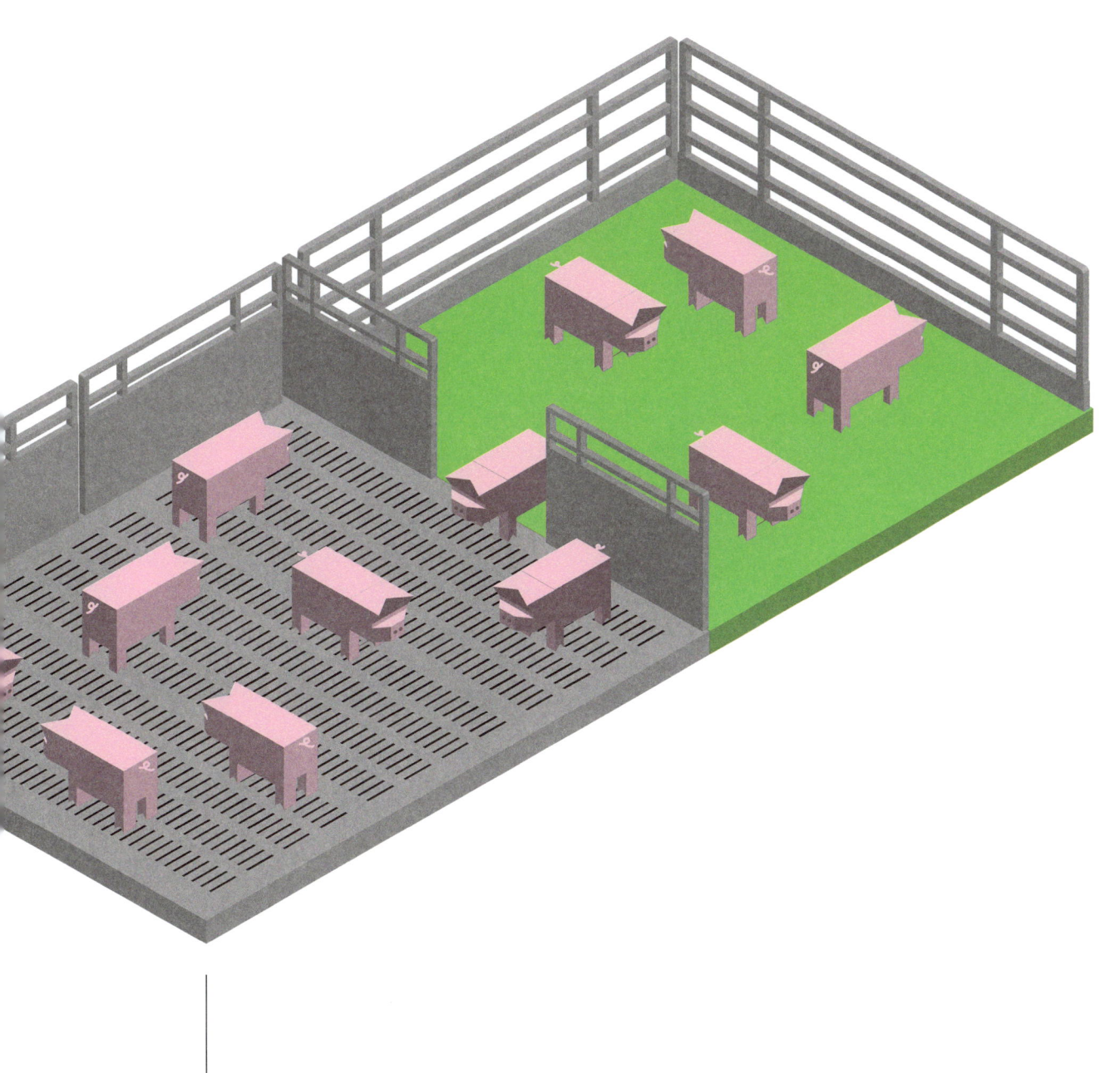

Ökologische Haltung (bio)
Mind. 1,3 m² + 1 m² Auslauf pro Tier

Warum Deutschland langsam das Fleisch satt hat

Fleisch zu essen war lange ein Zeichen von Wohlstand. Bis auf die beiden Einbrüche während der Weltkriege nahm der Konsum stets zu. Was genau gegessen wurde, hat sich im Lauf der Zeit geändert. Bis in die achtziger Jahre gehörten auch Innereien auf den Tisch. Heute landen sie meist bei den Tieren. In den neunziger Jahren aber begann ein Paradigmenwechsel, die BSE-Krise verunsicherte Konsumenten. Vegetarismus wurde zu einer breiten Bewegung. Fleisch ist kein Statusmerkmal mehr, im Gegenteil: Je höher das Einkommen, desto geringer der Fleischverzehr. Insgesamt sinkt er heute leicht.

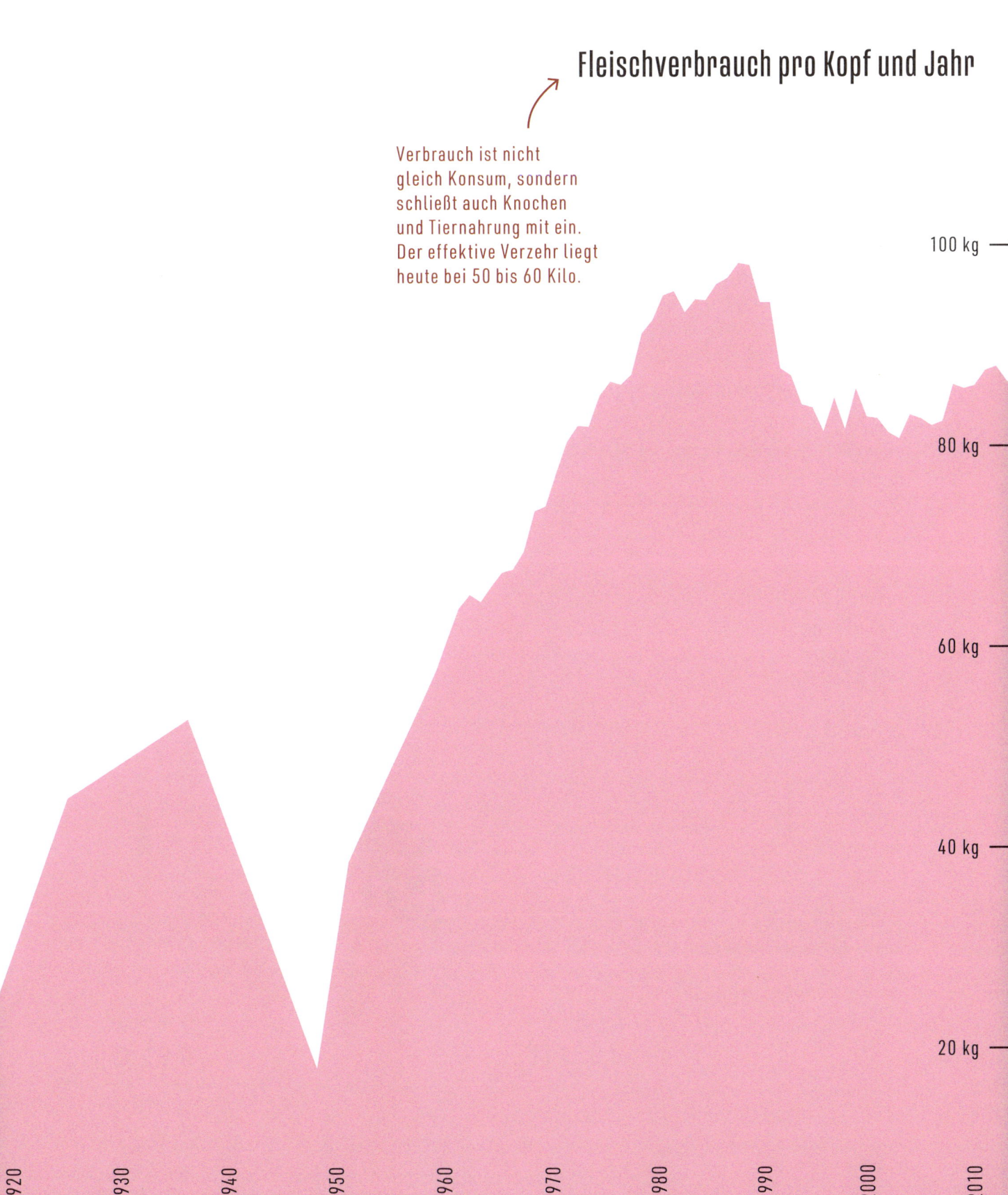

CO_2 vom Teller

Kartoffeln, Karotten und ein großes Stück Fleisch, das liegt auf dem deutschen Durchschnittsteller. Doch Fleisch schlägt auf die Klimabilanz, vor allem, weil die Masttiere gefüttert werden müssen. Wären die Deutschen alle Veganer, könnte die CO_2-Emission durch Nahrungsproduktion um ein Drittel sinken. Auch gut wären: weniger Fleisch, keine eingeflogenen Früchte, saisonal und mit dem Rad einkaufen. Avocados sind übrigens besser als ihr Ruf, ihr Problem ist eher der Wasserverbrauch. Schlechter als sein Ruf ist Reis. Er hat die CO_2-Bilanz von Hühnerfleisch.

Deutscher Durchschnittsteller

175 g Schwein,
200 g Kartoffeln,
125 g Karotten

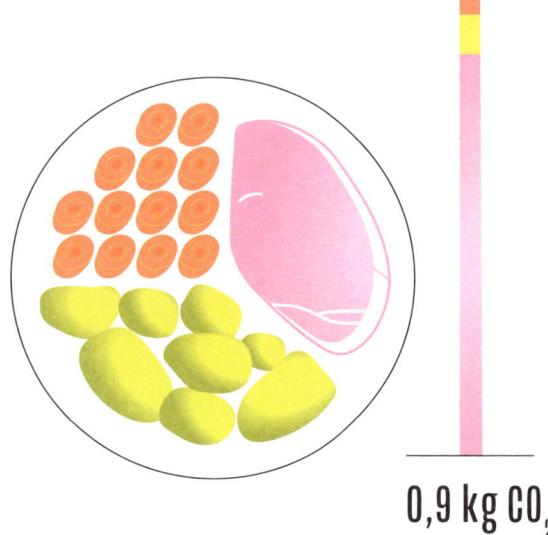

0,9 kg CO_2

Teller gemäß DGE-Empfehlung

100 g Huhn
225 g Nudeln
175 g Erbsen

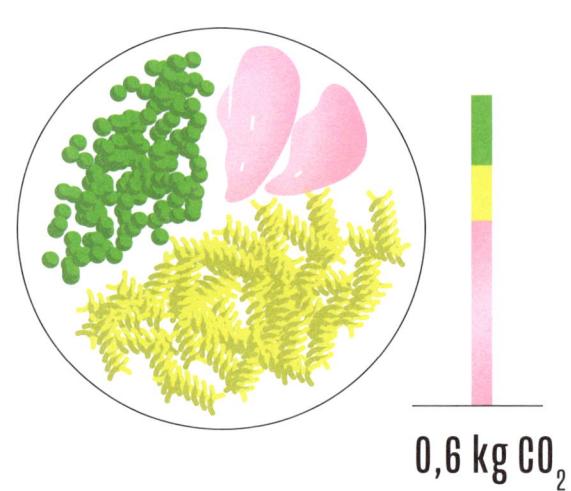

0,6 kg CO_2

Vegetarischer Teller

250 g Eiernudeln
250 g Sauce aus frischen Tomaten

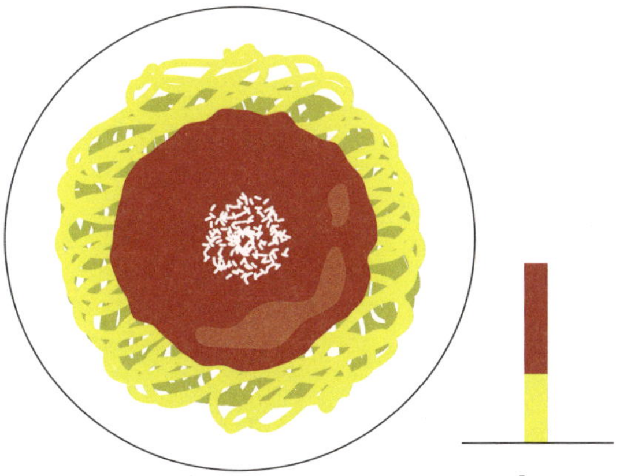

Veganer Teller

100 g Tofu,
250 g Kartoffeln,
150 g Avocado

0,3 kg CO$_2$

0,3 kg CO$_2$

Wie viele McDonald's auf ein McFit kommen: 9

McFit-Filialen in Deutschland

165

McDonald's-Filialen
in Deutschland
1496

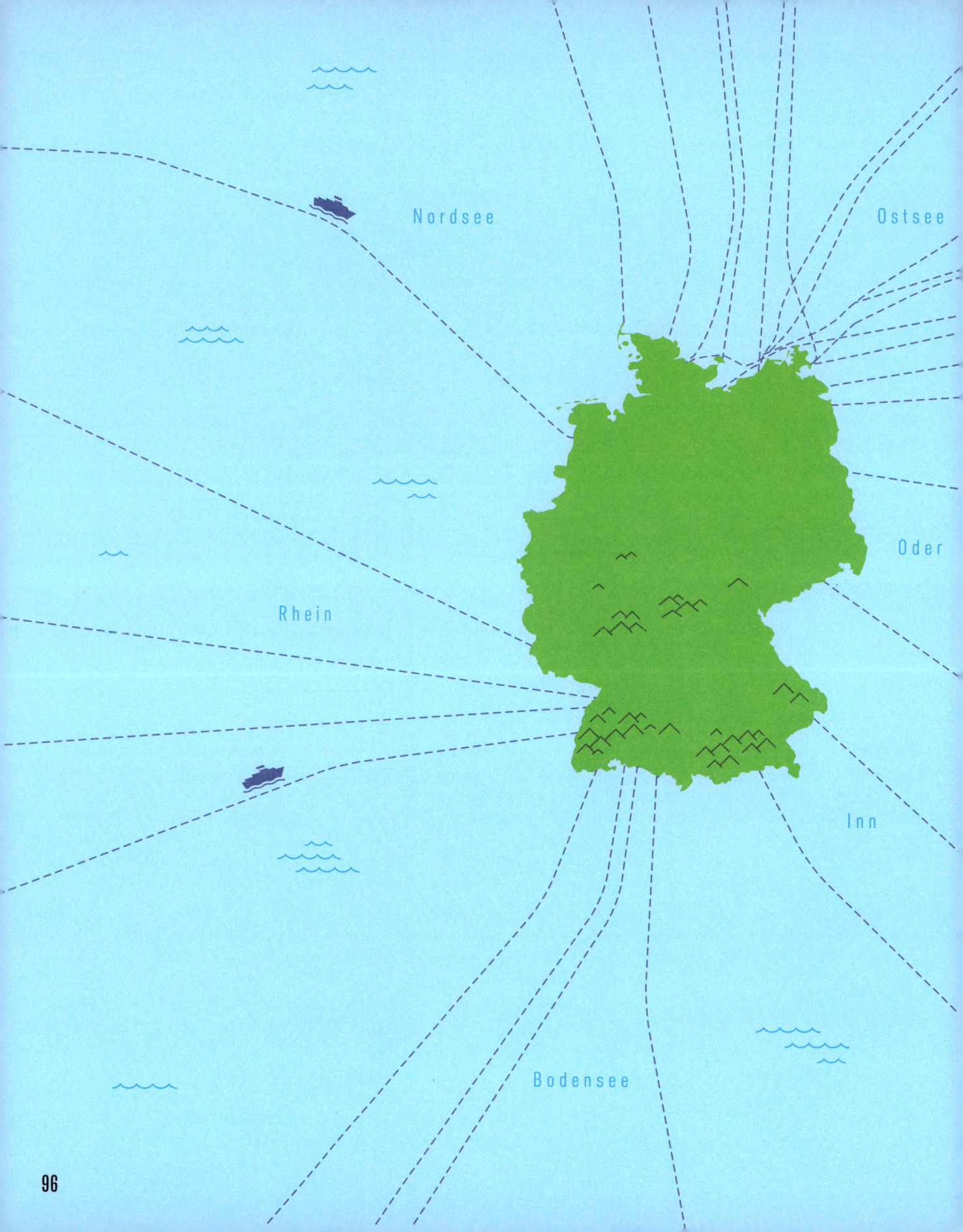

Fährverbindungen nach Deutschland

Deutschlands Grenze bildet oft ein Fluss. Es gibt sogar mehr internationale Fährverbindungen über den Bodensee nach Deutschland als über die gesamte Nordsee. Leider reist niemand mehr mit dem Schiff von London nach Hamburg. Dabei wäre das sicher ebenso stilvoll wie Romanshorn–Friedrichshafen.

Laufzeit bis ...

Deutschland kann wirklich in die Beine gehen. Das Bundesamt für Bauwesen hat die Luftliniendistanzen zwischen 1,25 Millionen kleinen Siedlungsflächen und lebenswichtigen Einrichtungen wie Schulen oder Apotheken ermittelt. ÖPNV-Haltestellen wurden nur dann berücksichtigt, wenn sie mindestens zehn Abfahrten pro Tag bieten. Die Karten zeigen die Distanzen in Gehminuten, ausgehend von gemütlichen 3,6 km/h. Kurze Strecken geht man eher mit 5 km/h – oder noch schneller, wenn man den letzten Bus erwischen muss.

Gehminuten für durchschnittliche Luftliniendistanz (10 Min. = 600 m)

<10   <20   <30   <40   <50

... zur nächsten Apotheke

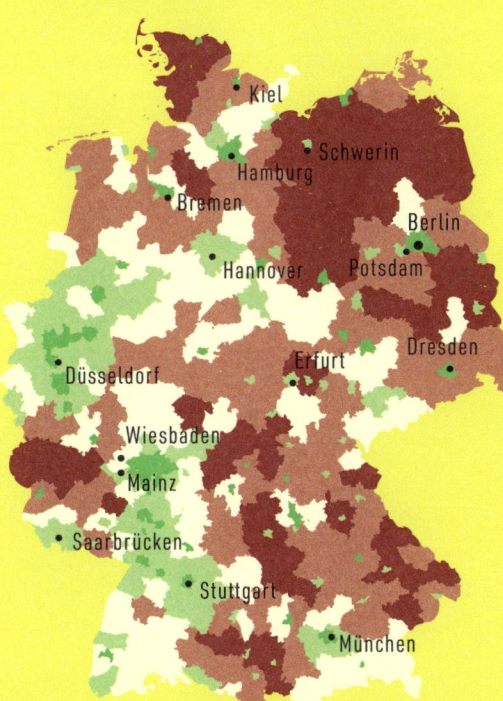

... zur nächsten Grundschule

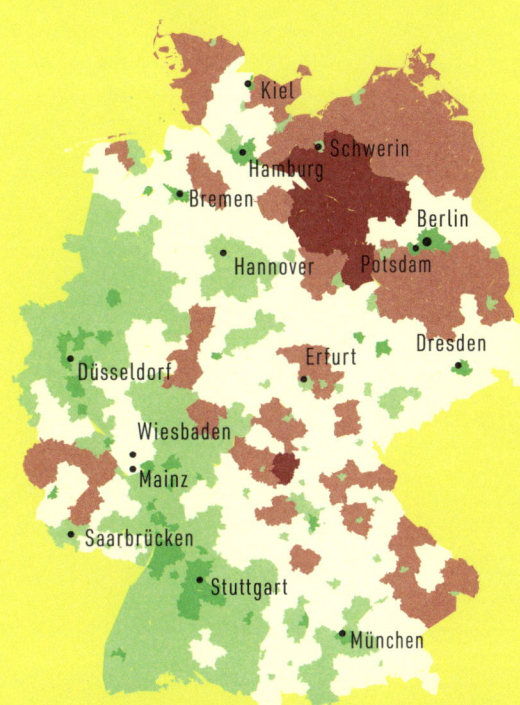

... zum nächsten Supermarkt

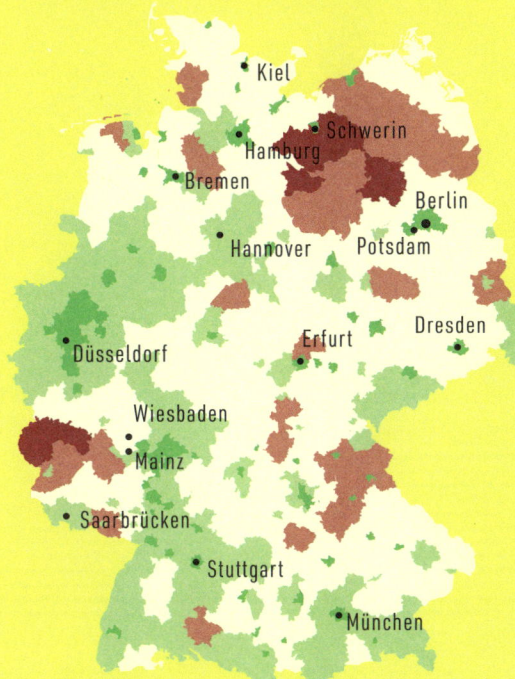

... zur nächsten Bushaltestelle

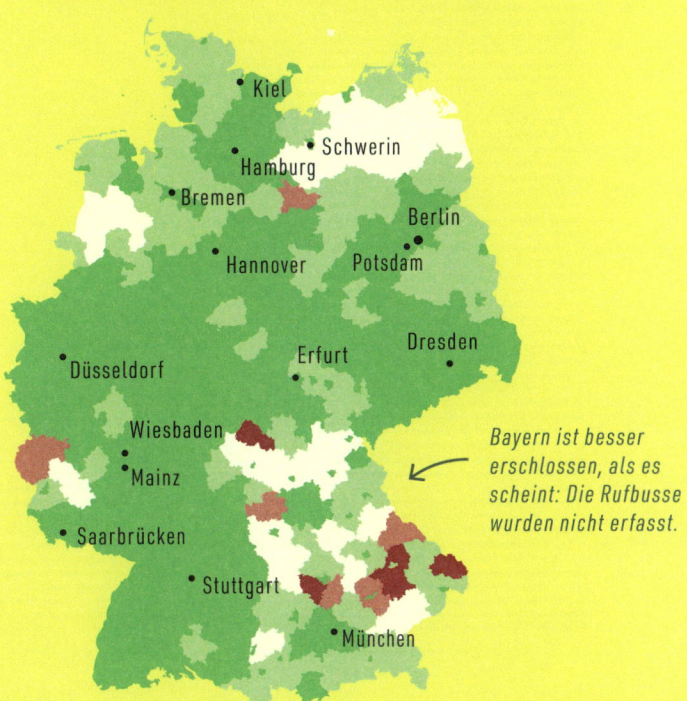

Bayern ist besser erschlossen, als es scheint: Die Rufbusse wurden nicht erfasst.

100 repräsentative Autofahrten
an einem Stichtag 2017

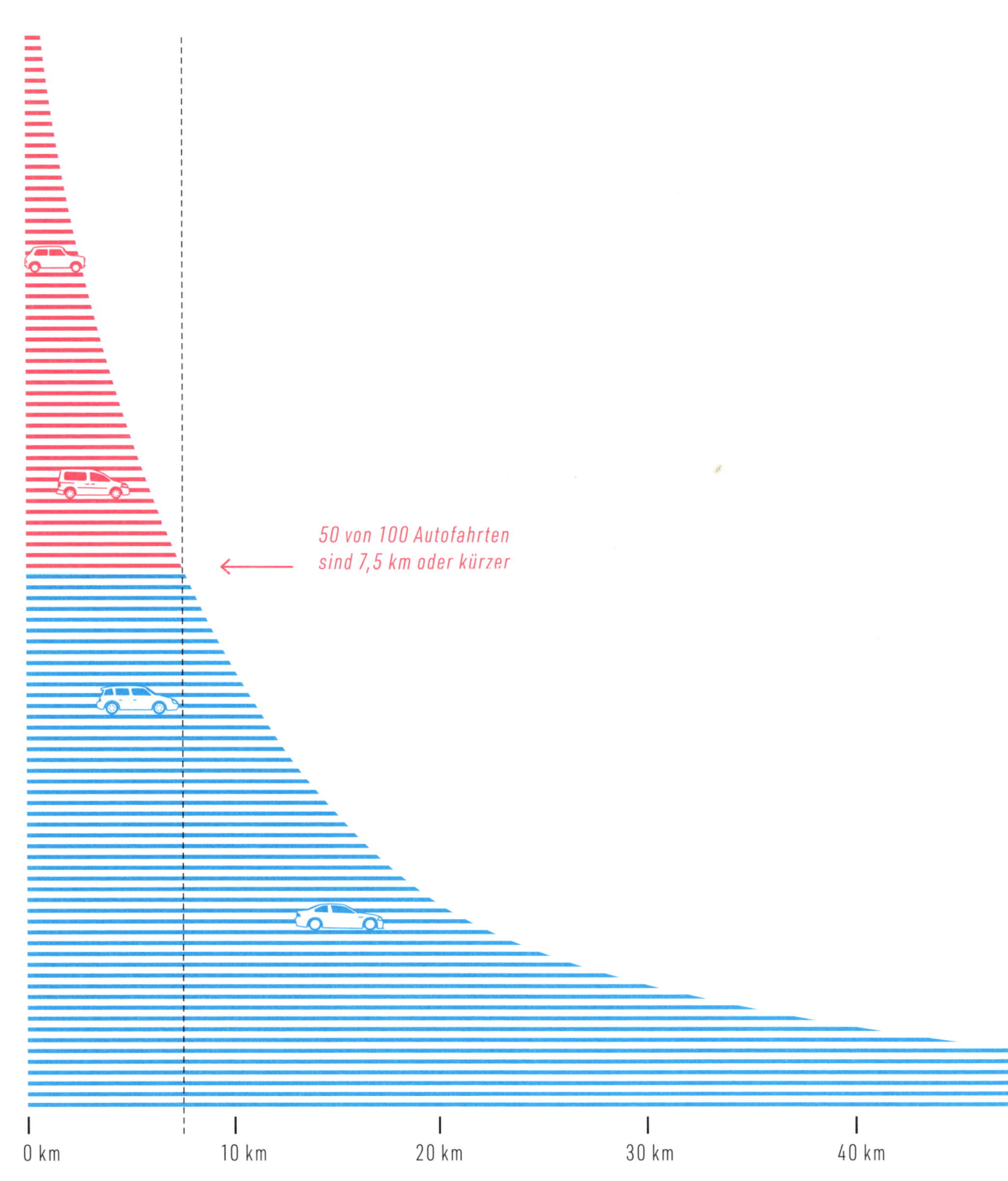

50 von 100 Autofahrten sind 7,5 km oder kürzer

Die Hälfte aller Autofahrten könnten auch mit dem Rad erledigt werden

Auf zwei Personen kommt in Deutschland ein Auto. Doch meistens – 97 Prozent der Zeit – steht es nur rum. Als das Bundesministerium für Verkehr an einem Stichtag erhob, wer sich wie fortbewegte, waren 40 Prozent aller Autos den ganzen Tag nicht unterwegs. Im Durchschnitt ist ein Auto täglich eine Dreiviertelstunde in Betrieb. Und auch wenn es sich bewegt, dann oft nicht weit. Lange Fahrten machen zwar den Großteil der zurückgelegten Kilometer aus. Aber die Hälfte aller Fahrten ist 7,5 Kilometer und kürzer. Also Strecken, die man auch mit dem Fahrrad oder einem E-Bike zurücklegen könnte.

| 60 km | 70 km | 80 km | 90 km | 100 km |

Lösung des Verkehrsproblems: Radeln wie in Holland, Busfahren wie in Polen

Autos nehmen in Städten viel wertvollen Raum ein, sind umweltschädlich und gefährlich. Die Niederlande zeigen, so hört man oft, wie es auch anders geht. Rund ein Viertel aller Wege legen die Menschen in niederländischen Städten mit dem Rad zurück. Doch ein Vorbild sind sie nur bedingt. Man fährt in den Niederlanden auch sehr viel mit dem Auto. Das Land ist dicht besiedelt. Wer seinen Arbeitsort wechselt, muss nicht unbedingt umziehen, sondern kann auch einfach mit dem Auto pendeln. In Osteuropa dagegen ist die Verbreitung des Autos immer noch geringer und der ÖPNV aus sozialistischen Zeiten gut ausgebaut. Entsprechend nutzen viele Busse, Tram und Bahn.

Verteilung der Wege in Städten auf Autos, Fahrräder, Fußwege und ÖPNV

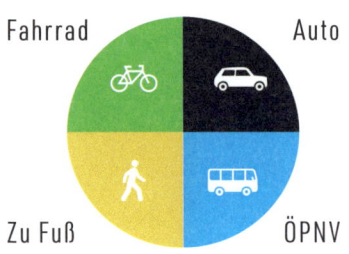

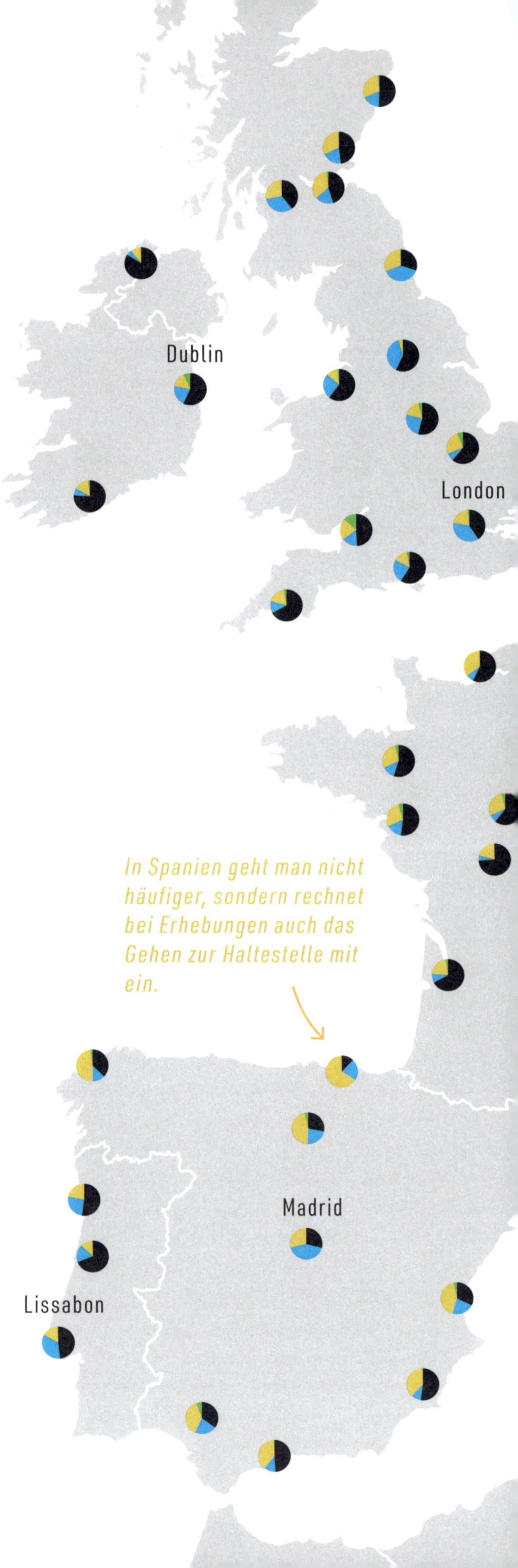

Fahrrad
Auto
Zu Fuß
ÖPNV

Dublin
London
Madrid
Lissabon
In Spanien geht man nicht häufiger, sondern rechnet bei Erhebungen auch das Gehen zur Haltestelle mit ein.

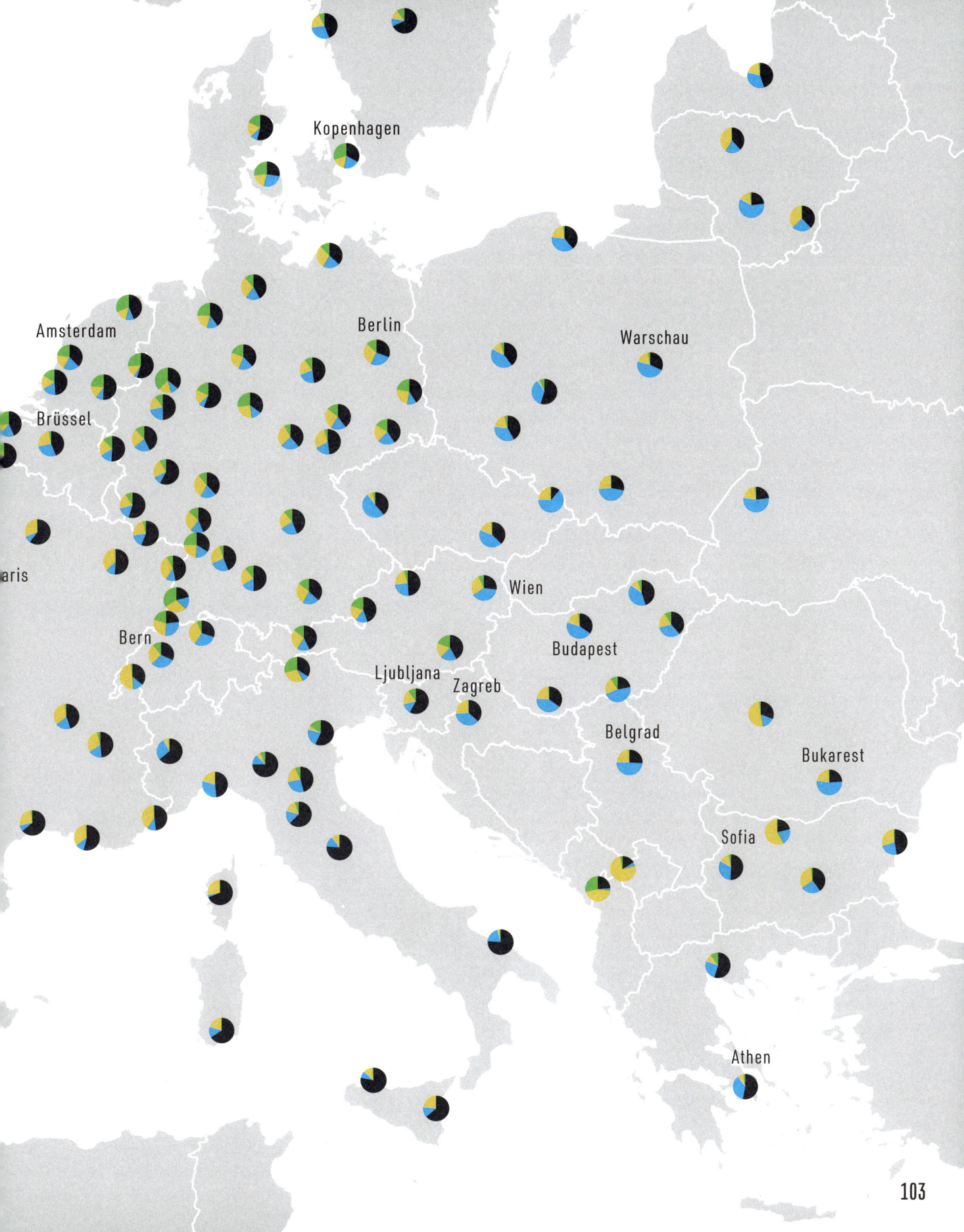

Straßenverkehrsunfälle unter Alkoholeinfluss 2017

Vatertag/Männertag
270

Silvester
234

1. Mai
176

Der alkoholbedingt unfallreichste Tag im Jahr

Die Lebenserwartung von Männern liegt unter der von Frauen, praktisch überall auf der Welt. Männer rauchen mehr, trinken exzessiver, prügeln sich häufiger, essen zu viel, gehen seltener zum Arzt und fahren oft zu schnell. Was also machen sie aus dem Feiertag, der allein ihnen gewidmet ist? Exakt.

Jahresdurchschnitt

97

Verkehrstote in Deutschland

- 20 000
- 15 000
- 10 000
- 5000

1960 1970 1980

- Höchstgeschwindigkeit 50 km/h in Ortschaften
- Höchstgeschwindigkeit 100 km/h auf Landstraßen
- 0,8-Promille-Grenze
- Neuwagen nur noch mit Gurt und Richtgeschwindigkeit 130 km/h auf Autobahnen
- Gurtpflicht
- Helmpflicht mit Verwarngeld

Verkehrstote

1960 gab es 4,5 Millionen Autos in Westdeutschland. Zehn Jahre später waren es schon 14 Millionen. Mit ihnen stieg auch die Zahl der Unfälle. Allein 1970 starben 21 332 Menschen im Straßenverkehr. Gestoppt wurde die Entwicklung mit gesetzlichen Einschränkungen, oft gegen großen politischen Widerstand. Heute gibt es 47 Millionen Autos. Sie verursachen zwei Drittel aller Unfälle auf deutschen Straßen. Von den 3275 Verkehrstoten saßen 1424 im Auto, 697 auf Motorrädern und jeweils etwa 450 waren Radfahrer und Fußgänger. Während jedoch die Zahl der Verunglückten im Auto kontinuierlich sinkt, stagniert sie bei den Fußgängern und Radfahrern. Von der »Vision Zero« – keine Toten mehr im Straßenverkehr – sind wir mit der aktuellen Entwicklung noch Jahrzehnte entfernt.

- Gurtpflicht mit Verwarngeld
- Deutsche Einheit und damit Bevölkerungsanstieg
- 0,5-Promille-Grenze

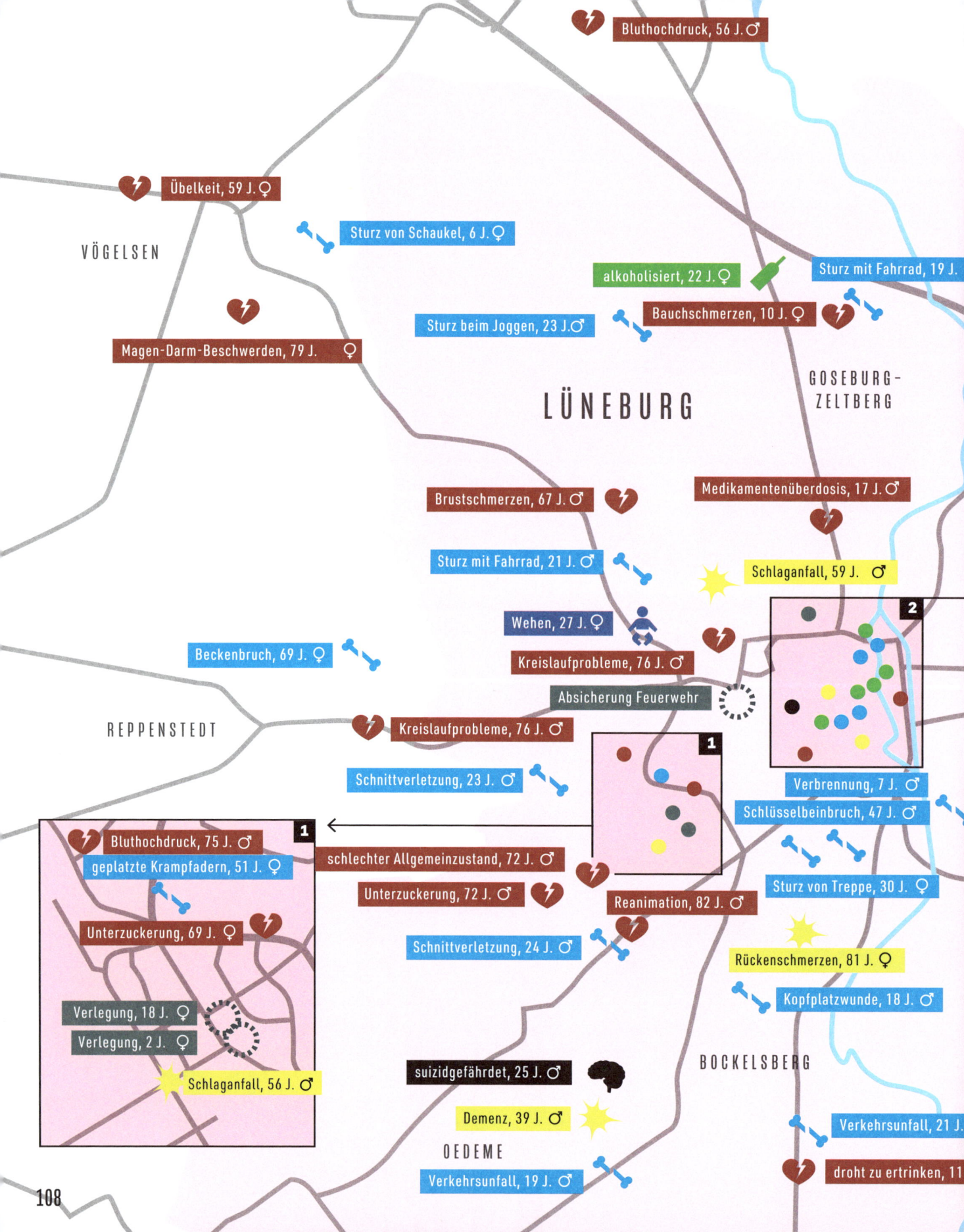

Sieben Tage unterwegs mit einem Rettungswagen

Die Karte zeigt die Einsätze eines Rettungswagens in Lüneburg innerhalb von sieben Tagen. Von Volltrunkenheit in der Innenstadt bis zum Reitunfall am Waldrand ist alles dabei. Die Einsatzstichworte beziehen sich auf die Verdachtsdiagnose, die sich vor Ort oder im Krankenhaus nochmals ändern kann.

Notfälle nach Fachgebieten

- internistisch
- chirurgisch
- neurologisch
- psychisch
- gynäkologisch
- Alkohol
- sonstige

Europäische Straßen mit Google Street View

Was Deutschland, Österreich und Weißrussland gemeinsam haben: Auf Google Street View sind sie ein weißer Fleck. Als Google vor zehn Jahren begann, Straßen zu fotografieren, protestierten deutsche Datenschützer. Hausbesitzer ließen 240 000 Gebäude verpixeln. Google nahm den Dienst in Deutschland wieder vom Netz. Erlaubt wäre er zwar, aber offenbar sind dem Unternehmen die Proteste und politischen Konsequenzen nicht geheuer. Google fotografiert in Deutschland bloß für interne Zwecke und veröffentlicht nur noch die Straßenbilder der größten Städte.

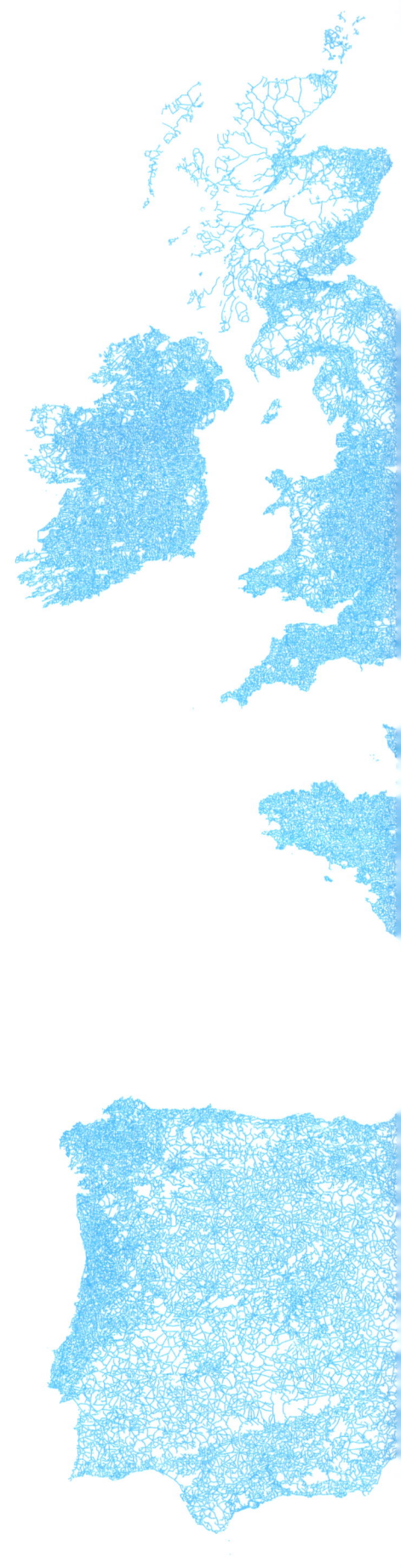

Wie der ICE Deutschland verkleinert hat

Die Wiedervereinigung hat Deutschland größer gemacht, das Hochgeschwindigkeitsnetz gefühlt kleiner. In den neunziger Jahren kamen die ICEs: Man reiste nun mit über 300 km/h statt bis dahin mit 200. Dauerte es von Dortmund ins bayerische Hinterland bis zu zehn Stunden, waren es fortan nur noch sieben bis acht. An den Fahrzeiten mit dem Auto hat sich dagegen nur wenig geändert. Bei kurzen Distanzen ist es schneller, bei langen überholt der Zug. Der Analyse von 1980 liegt allerdings ein sehr grobes Raster zugrunde. Deshalb wirkt Ostdeutschland besser erschlossen, als es tatsächlich war. Unterwegs lag ja noch die Grenze zur DDR.

Reisezeit von Dortmund in Stunden

<1 <2 <3 <4 <5 <6 <7 <8 <9 <10

Mit der Bahn

1980

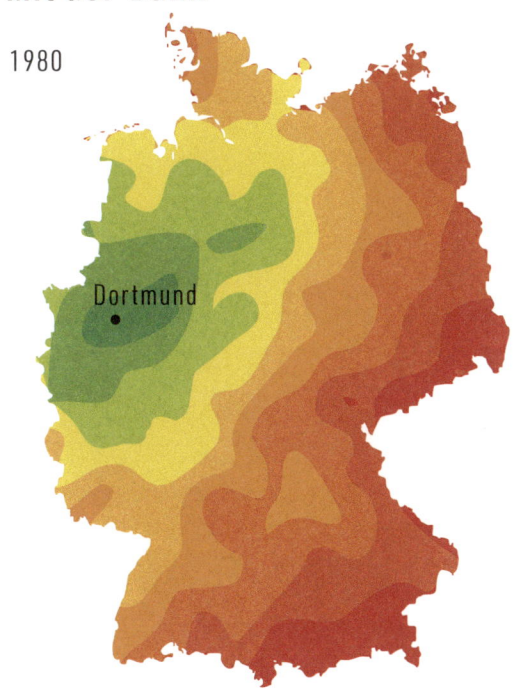

2010

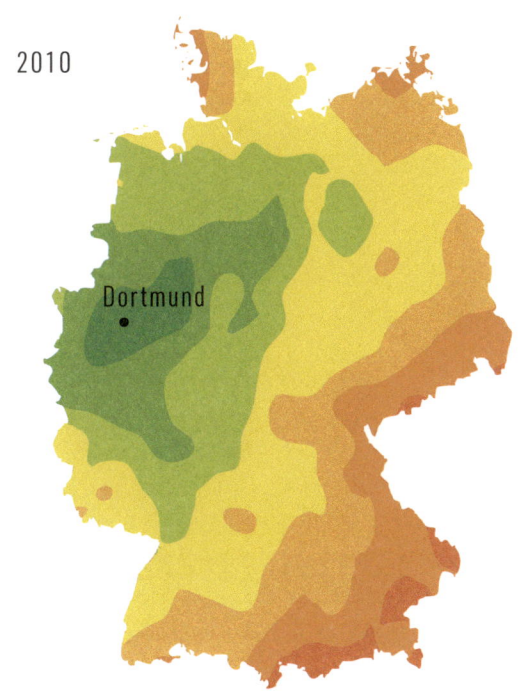

Mit dem Auto

1980

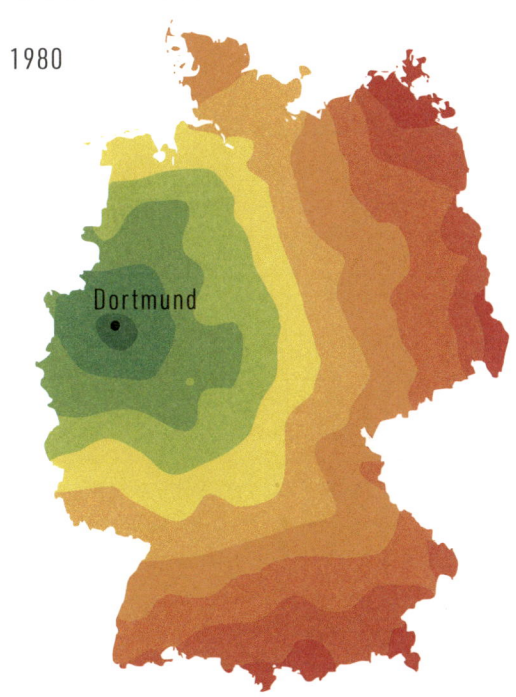

2010

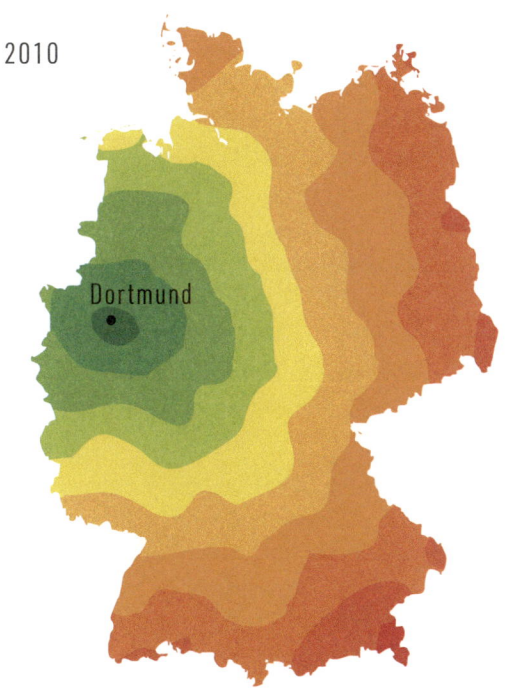

Berlin–München

Dauer: 4–5 Stunden

Strecke: 800 km

Zürich–München

Dauer: 4–5 Stunden

Strecke: 250 km

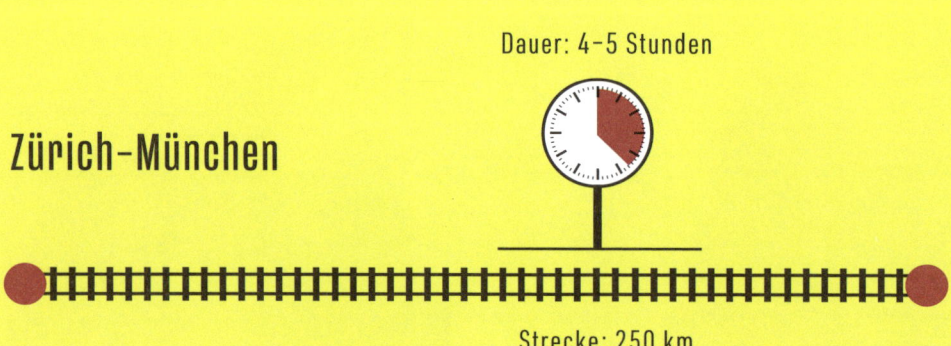

Warum Zugfahren über Staatsgrenzen holpert

Zürich und München sind europäische Metropolen und praktisch Nachbarn. Trotzdem pendeln zwischen den beiden Städten doppelt so viele Flieger wie Züge. Denn wer den Zug nimmt, braucht Nerven. Die Lok wird unterwegs gewechselt, die Strecke ist nicht durchgehend elektrifiziert, WLAN gibt es auch nicht. Zudem dauert die Fahrt so lange wie einmal von München quer durch die Republik nach Berlin. Der Bahnverkehr ist eine nationale Angelegenheit. Ob München–Wien oder Hamburg–Amsterdam, sobald es über Staatsgrenzen geht, wird es mühselig. Ausnahme sind die Züge Richtung Brüssel und Paris. Und so legt der innereuropäische Flugverkehr weiter zu, während die Bahn sogar verliert. Immerhin: Zürich–München wird nun elektrifiziert, die Fahrtzeit um eine Stunde reduziert.

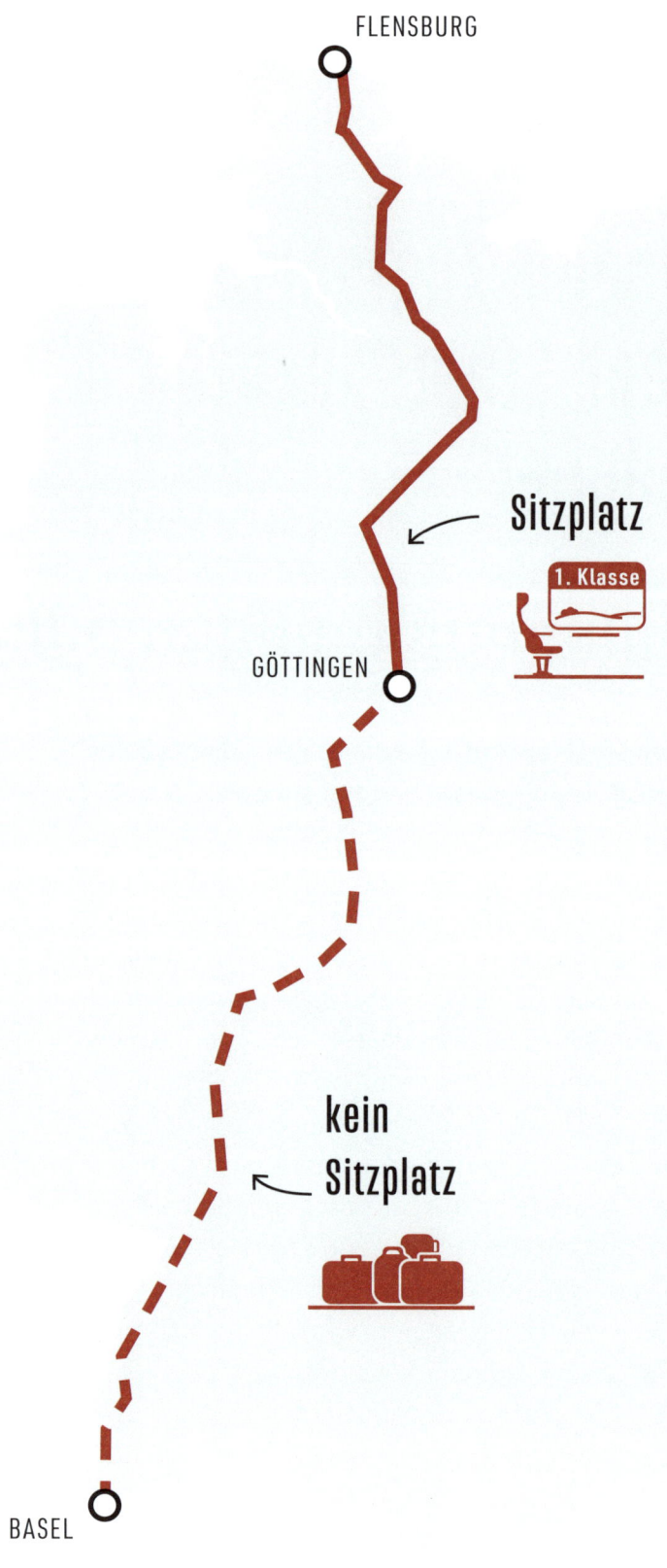

Wo Greta Thunberg keinen Sitzplatz hatte und 1. Klasse fuhr

Herbst 2019: Greta Thunberg fährt von der Klimakonferenz in New York – wo sie zuvor hingesegelt war – mit dem Zug zurück durch Deutschland. Hier, wo Thunberg so berühmt ist wie sonst nur in Schweden, wurde ihre Amerikareise so aufmerksam verfolgt wie eine Netflix-Serie. Da twitterte Thunberg ein Foto, von sich auf dem Boden eines ICEs. Ihr Zug sei überfüllt. Die Bahn aber antwortete, sie hätte auch erwähnen können, wie freundlich sie in der 1. Klasse bedient worden sei. Deutschland hielt den Atem an! Predigt Thunberg etwa Boden, aber sitzt auf Leder? Die Auflösung kam erneut via Twitter: Thunberg erklärte, dass sie erst ab Göttingen habe sitzen können. Nur ein Foto davon gab es leider nicht.

Alle Schiffe, die gerade nach Deutschland unterwegs sind

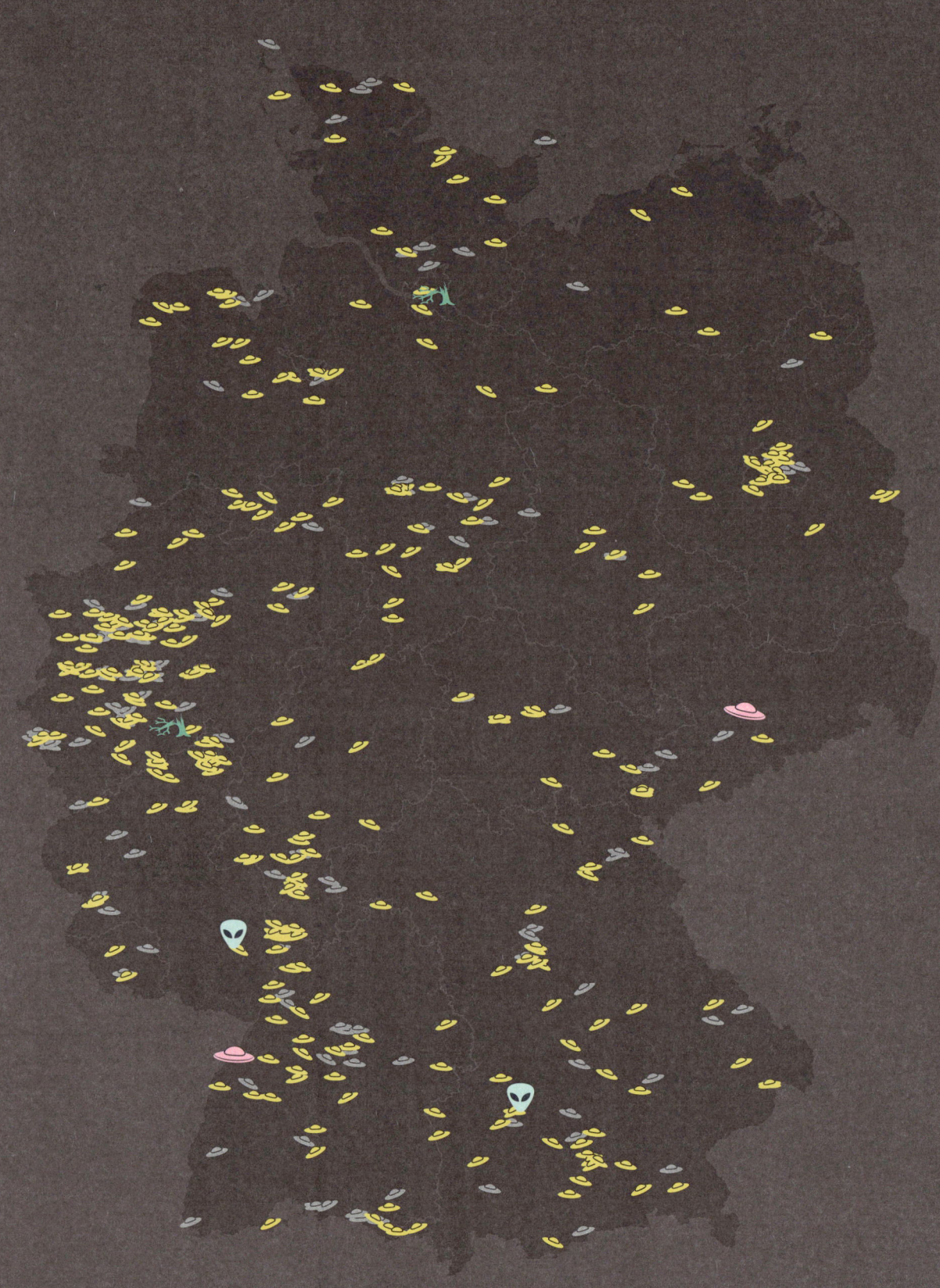

Wo zuletzt UFOs gesichtet wurden

Ein pulsierendes, blaues Licht am Himmel überquerte geräuschvoll den Zeugen. Ein Kribbeln auf der Haut und ein Knistern im Handy habe er bemerkt. So lautet ein Eintrag in der deutschen UFO-Datenbank. Im nordrhein-westfälischen Much hat sich dieser Vorfall ereignet, klassifiziert mit dem Code CE 2. Heißt in der Ufologie: Spuren wurden hinterlassen. Ein paar hundert Vorfälle verzeichnet die Datenbank jedes Jahr. Derzeit scheint es relativ ruhig am Himmel. Die letzten Entführungen findet man in den neunziger Jahren – oder zumindest die letzten, von denen die Opfer zurückgekehrt sind.

Sichtungen 2015–2018

- DD: anormale Objekte bei Tageslicht
- NL: anormale Lichter am Nachthimmel
- CE 1: UFO aus weniger als 150 m
- CE 2: UFO hinterlässt Spuren
- CE 3: aus UFO steigen Insassen aus
- CE 4: Zeugen werden entführt
- CE 5: gegenseitige Kommunikation

Wo die Deutschen #Urlaub machen

Am einfachsten folgt man den Deutschen in den Urlaub, indem man Instagram-Bilder mit dem Hashtag #Urlaub lokalisiert. Auffällig ist der Drang der Deutschen zur Küste. Mallorca, die Südtürkei, aber auch das Rote Meer und Dubai findet man schnell. Die Malediven stechen womöglich so stark heraus, weil sie besonders instagrammable sind. Die vielen Bilder in Deutschland kommen auch daher, dass manche ihre Bilder erst zu Hause hochladen und sie deshalb nicht immer mit dem Urlaubsort verbunden sind.

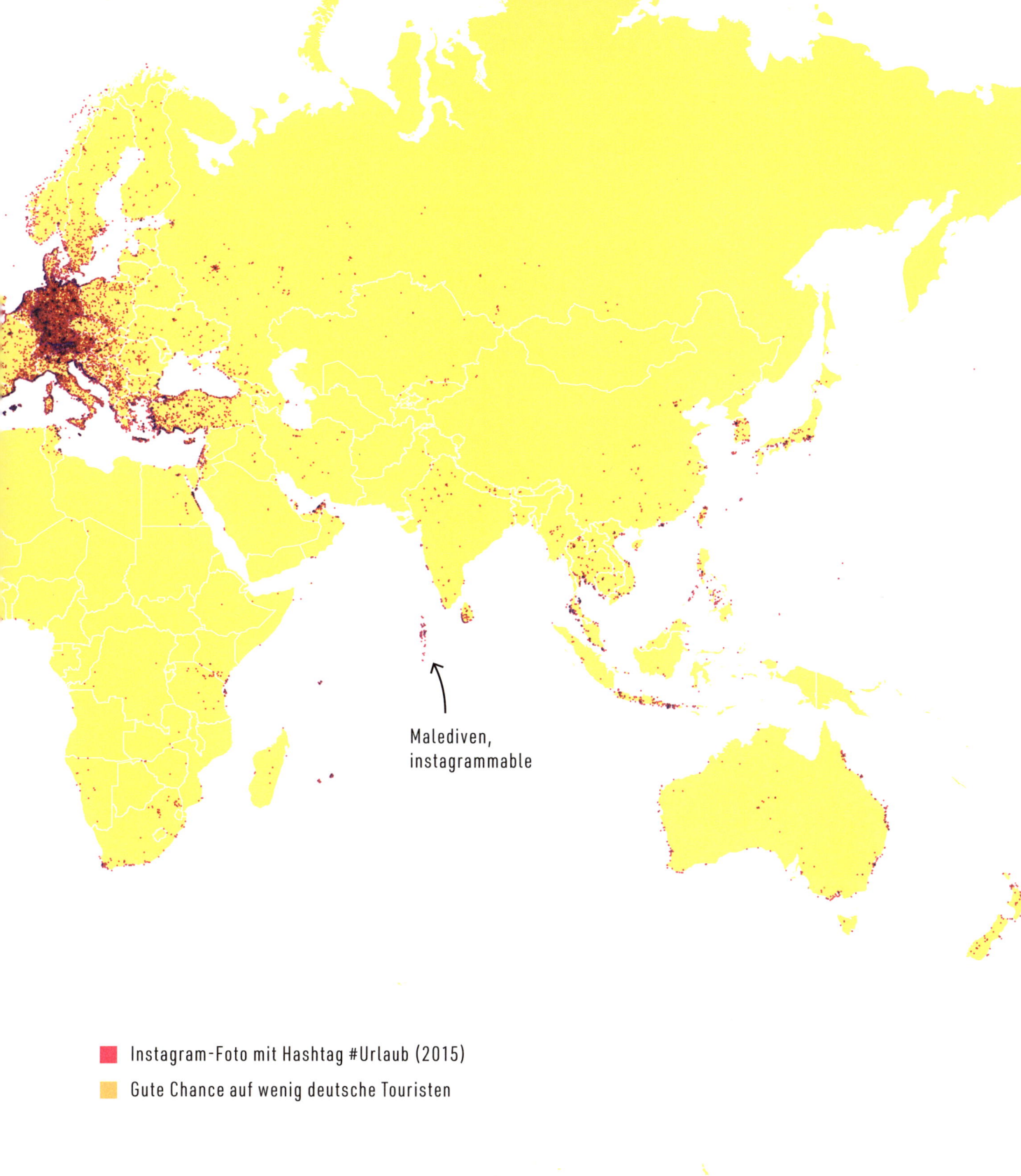

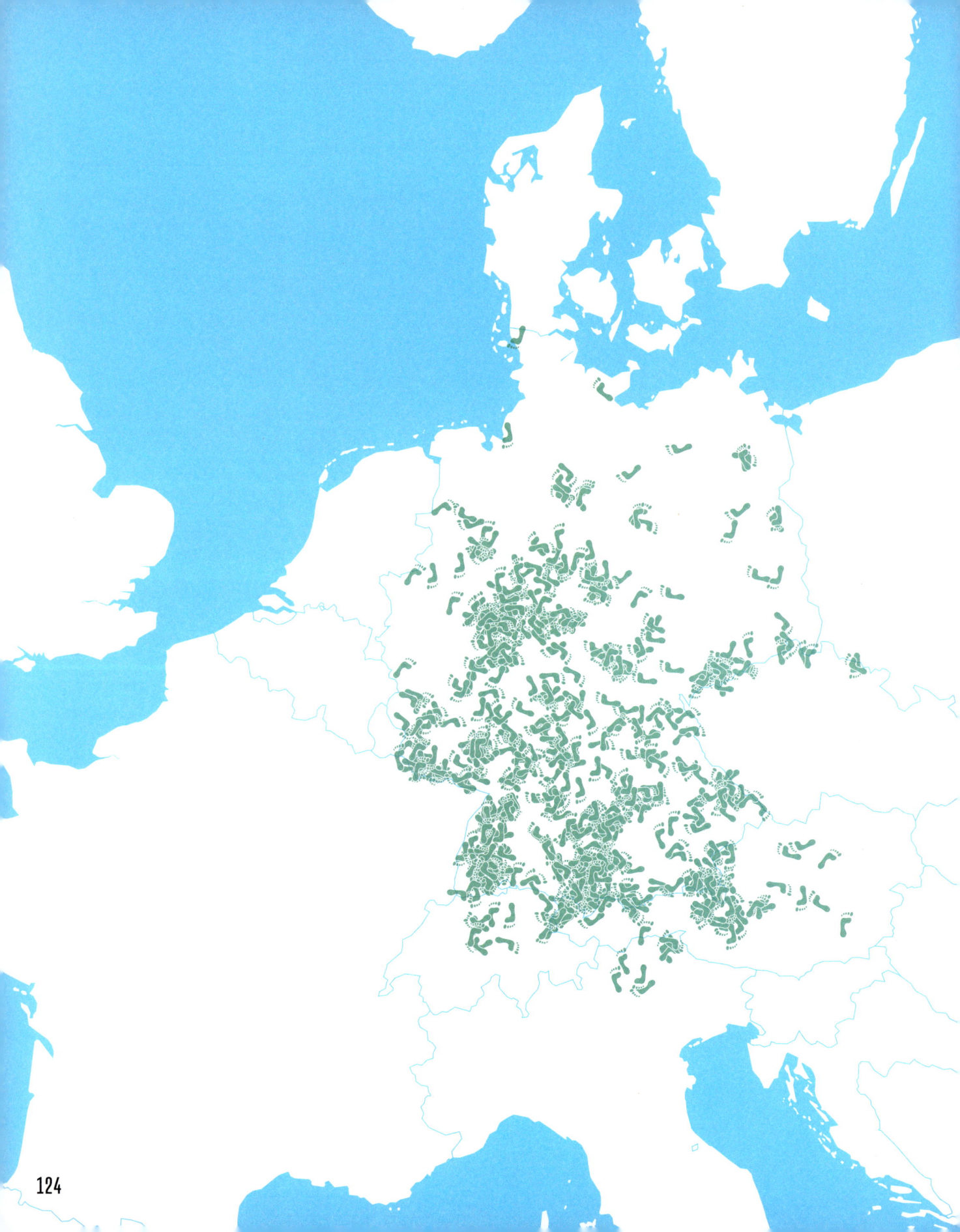

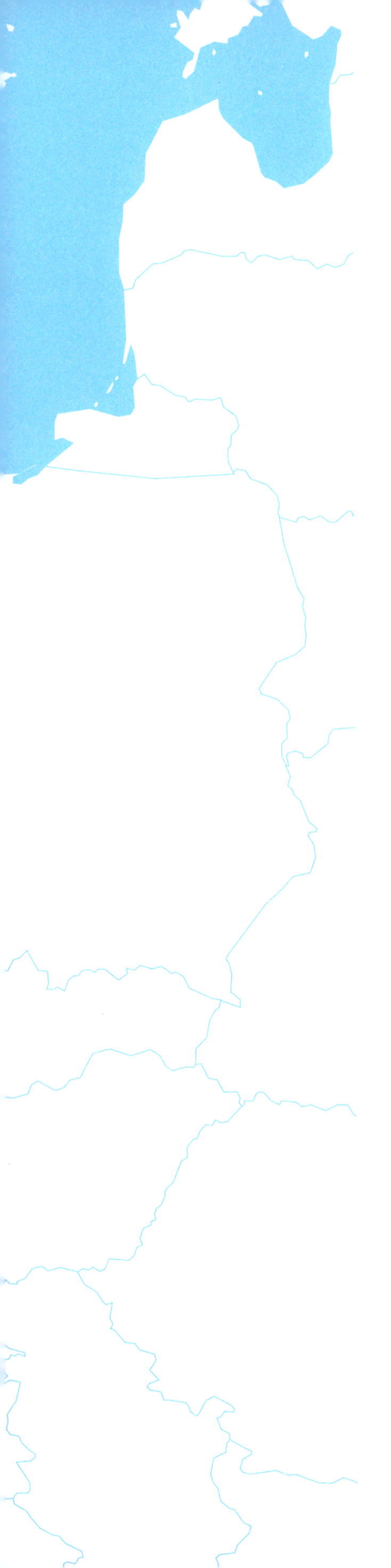

Kneipp-Anlagen in Europa

Kneippen soll Körper, Geist und Seele in Einklang bringen. Nicht nur indem man durch kaltes Wasser watet, sondern auch durch Ernährung und pflanzliche Heilmittel. Entwickelt wurde diese Methode vom katholischen Priester Sebastian Kneipp im 19. Jahrhundert. 600 Kneipp-Vereine mit 160 000 Mitgliedern folgen seinem Vorbild noch heute. Dennoch hat das Kneippen den langen Weg in die Medizin nicht geschafft. Und auch der Weg aus dem deutschen Sprachraum heraus will nicht recht gelingen. Dafür aber ist Kneippen jetzt immaterielles deutsches UNESCO-Kulturerbe. Es steht in einer Reihe mit 97 Tätigkeiten, an denen man Deutsche erkennt. Darunter befinden sich auch Schützenwesen, Sternsingen, Hessischer Kratzputz, ostfriesische Teekultur, Märchenerzählen und Poetry-Slam.

 Kneipp-Anlage

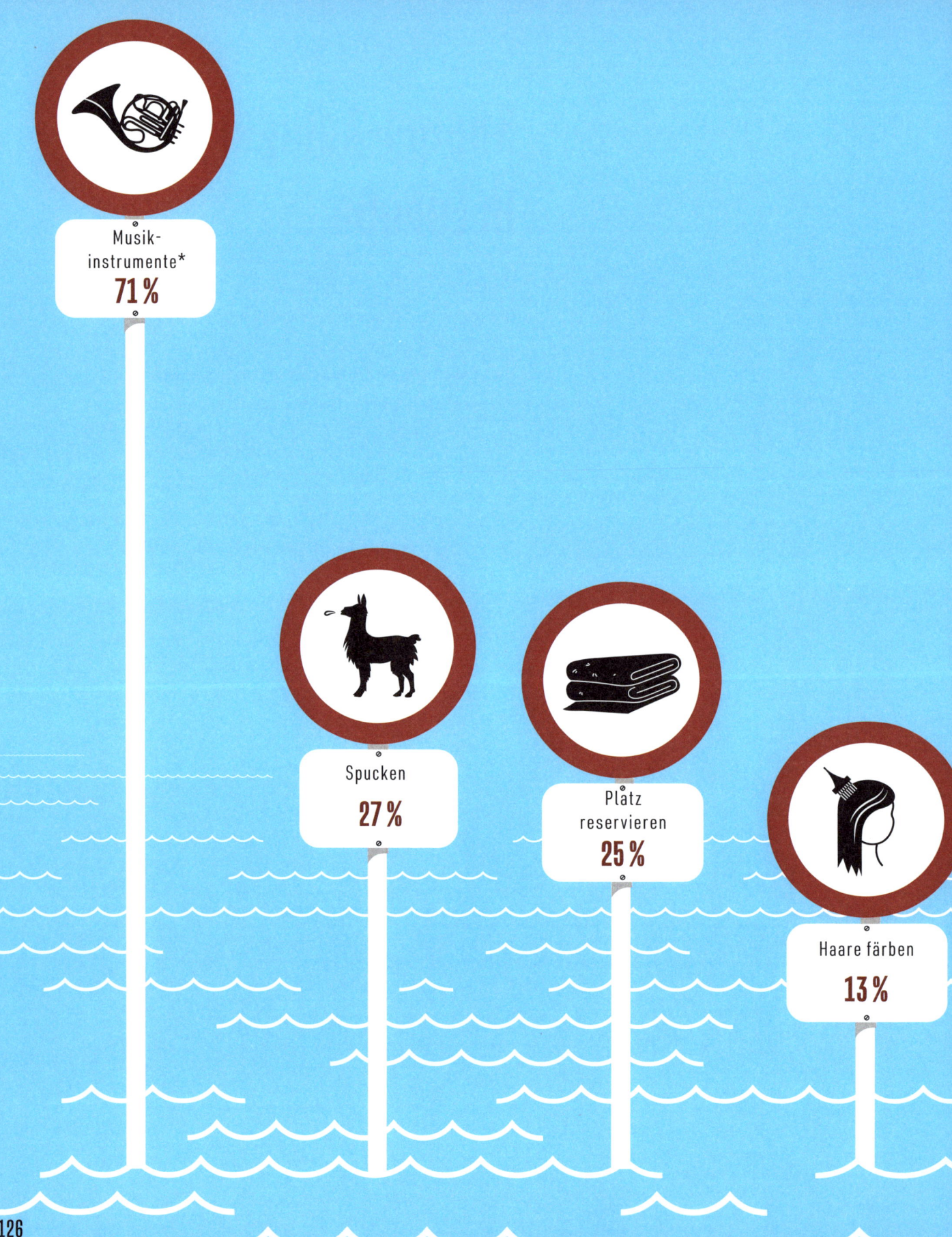

Was wie viele Badeordnungen verbieten

Deutsche Strand- und Schwimmbäder sind Orte der Entspannung und des wohligen Vor-sich-hin-Dösens. Blaskapellen oder Friseurstudios sind dort öfters nicht willkommen. Vor allem aber fragen wir uns, wie der Gummiparagraph gegen »Unfug treiben« durchgesetzt wird. Schleppt da ein Bademeister närrische Kinder vor den Aushang, wo sie ihm die Regel laut vorlesen und zugeben müssen, dass Arschbomben auf Luftmatratzen unter Unfug fallen?

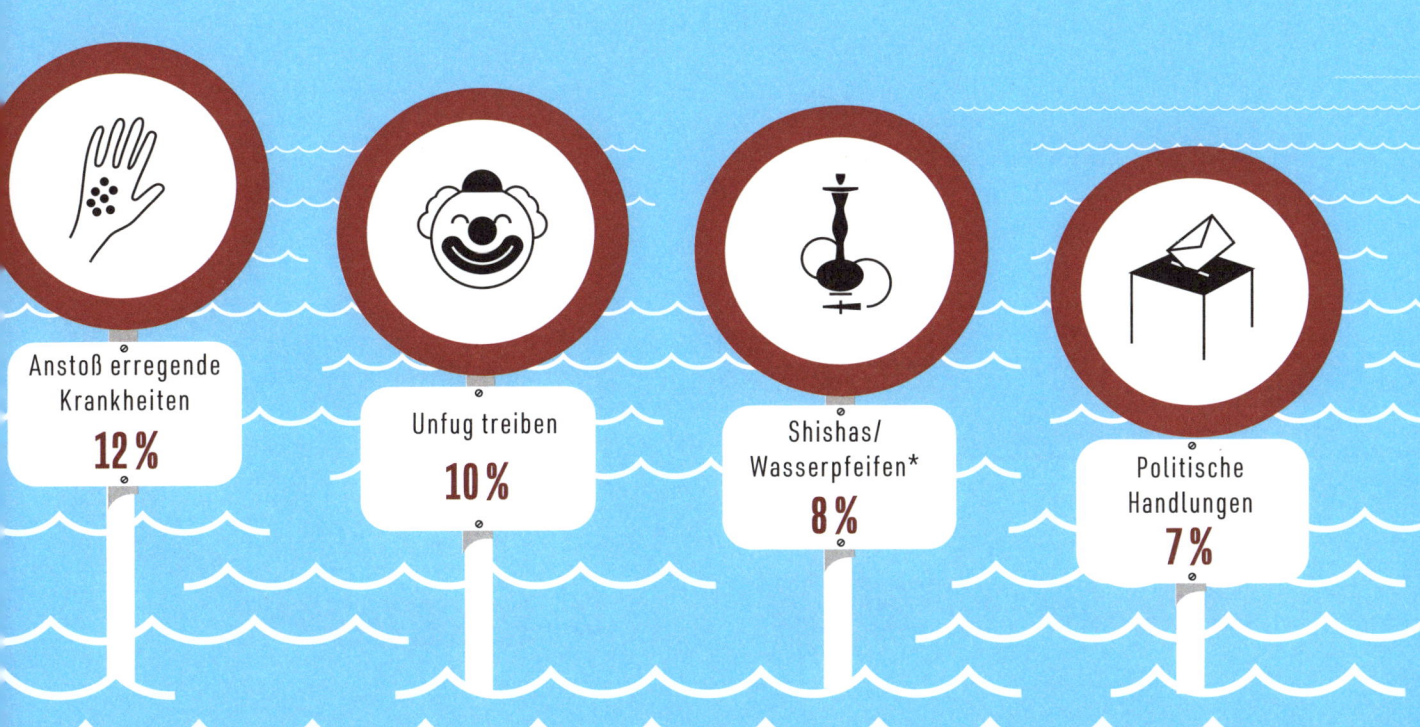

Anstoß erregende Krankheiten
12 %

Unfug treiben
10 %

Shishas/Wasserpfeifen*
8 %

Politische Handlungen
7 %

*teilweise oder ganz verboten

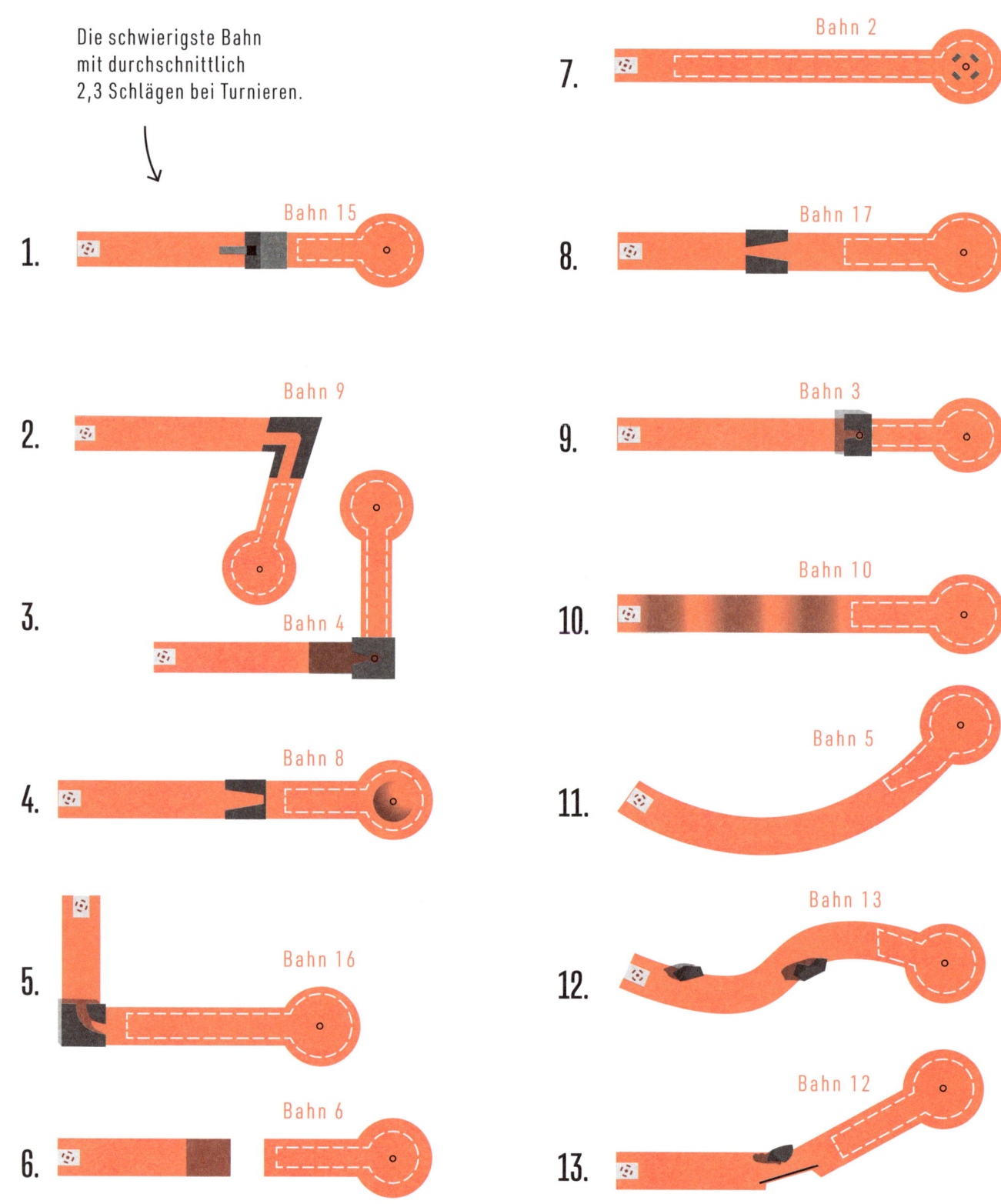

Minigolfbahnen nach Schwierigkeit sortiert

Zwei Typen von Minigolfanlagen sind in Deutschland verbreitet: graue aus Eternit und rote aus Beton. Die roten sind immer gleich. Jede Bahn ist potenziell mit einem Schlag zu schaffen. Aber es ist in der Geschichte des Minigolfs erst einmal vorgekommen, dass tatsächlich jemand die 18 Bahnen in 18 Schlägen geschafft hat. Unebenheiten und Eigenheiten machen Minigolf zu einem anarchischen Spiel. Bahnen wie die 11 befördern den Ball von selbst ins Loch. Bahnen wie die 15 – die Burg – sind quasi Roulette.

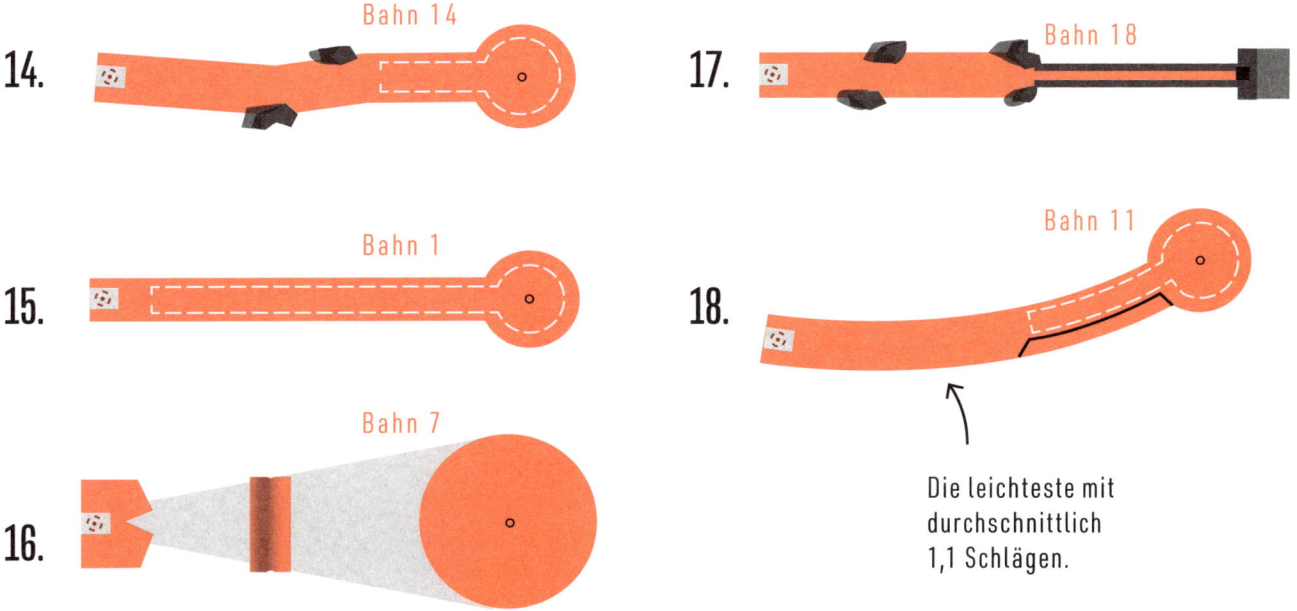

Die leichteste mit durchschnittlich 1,1 Schlägen.

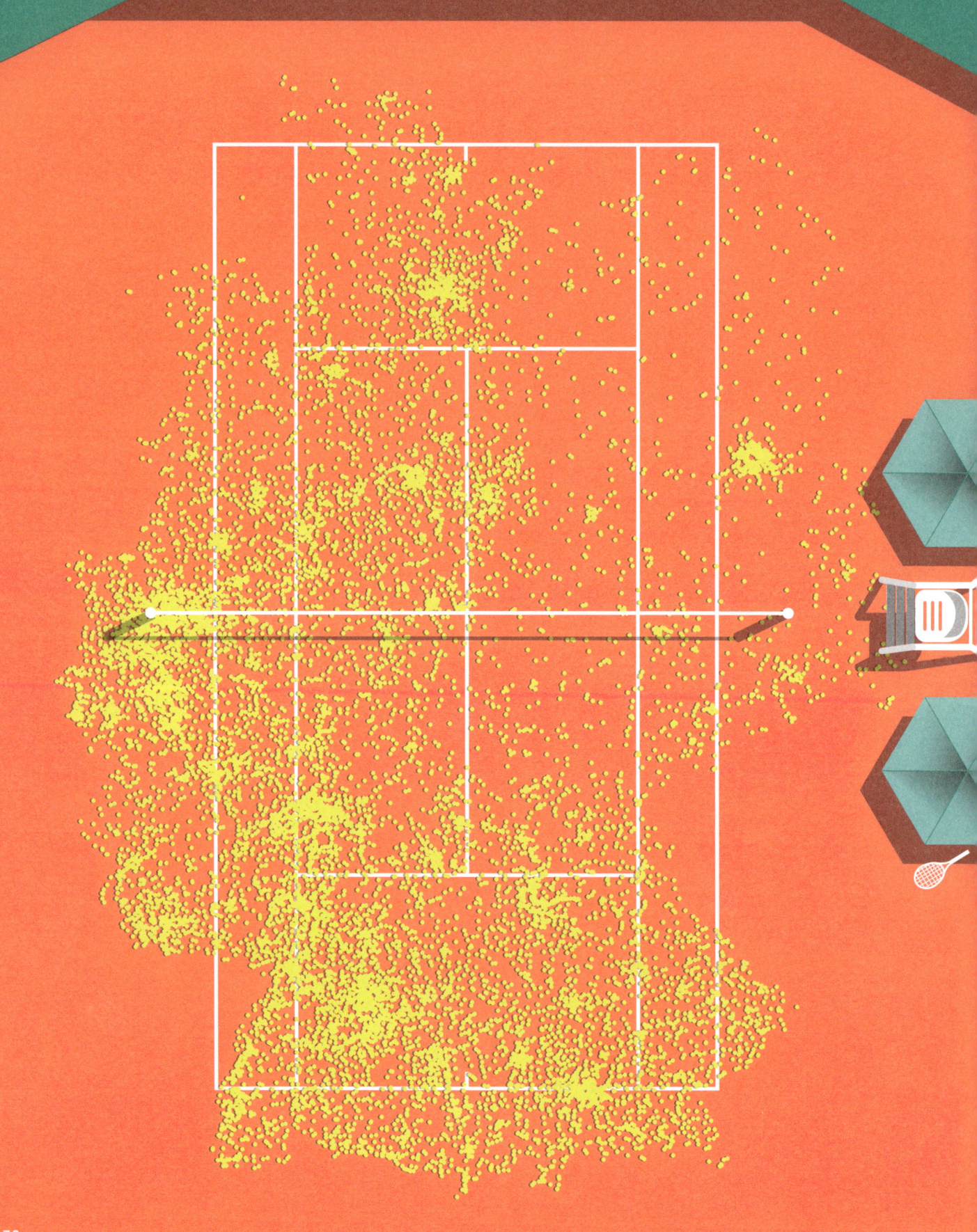

Deutschland dargestellt anhand seiner Tennisplätze

Die Zeiten des ganz großen deutschen Tennis sind vorbei: Gerne erinnern wir uns an Steffi Graf, Boris Becker oder Michael Stich. In den neunziger Jahren hatte der Deutsche Tennis Bund noch über 2 Millionen Mitglieder. Heute sind es nur 1,4 Millionen übrig. Das reicht aber noch immer zum größten Tennisverband der Welt. Tennisplätze selbst in den kleinsten Orten zeugen vom Boom, wenn auch nur im Westen. In der Sportpolitik der DDR spielte Tennis keine Rolle. Typische Ostsportarten sind bis heute Volleyball und Judo. Und Kegeln.

● Tennisplatz

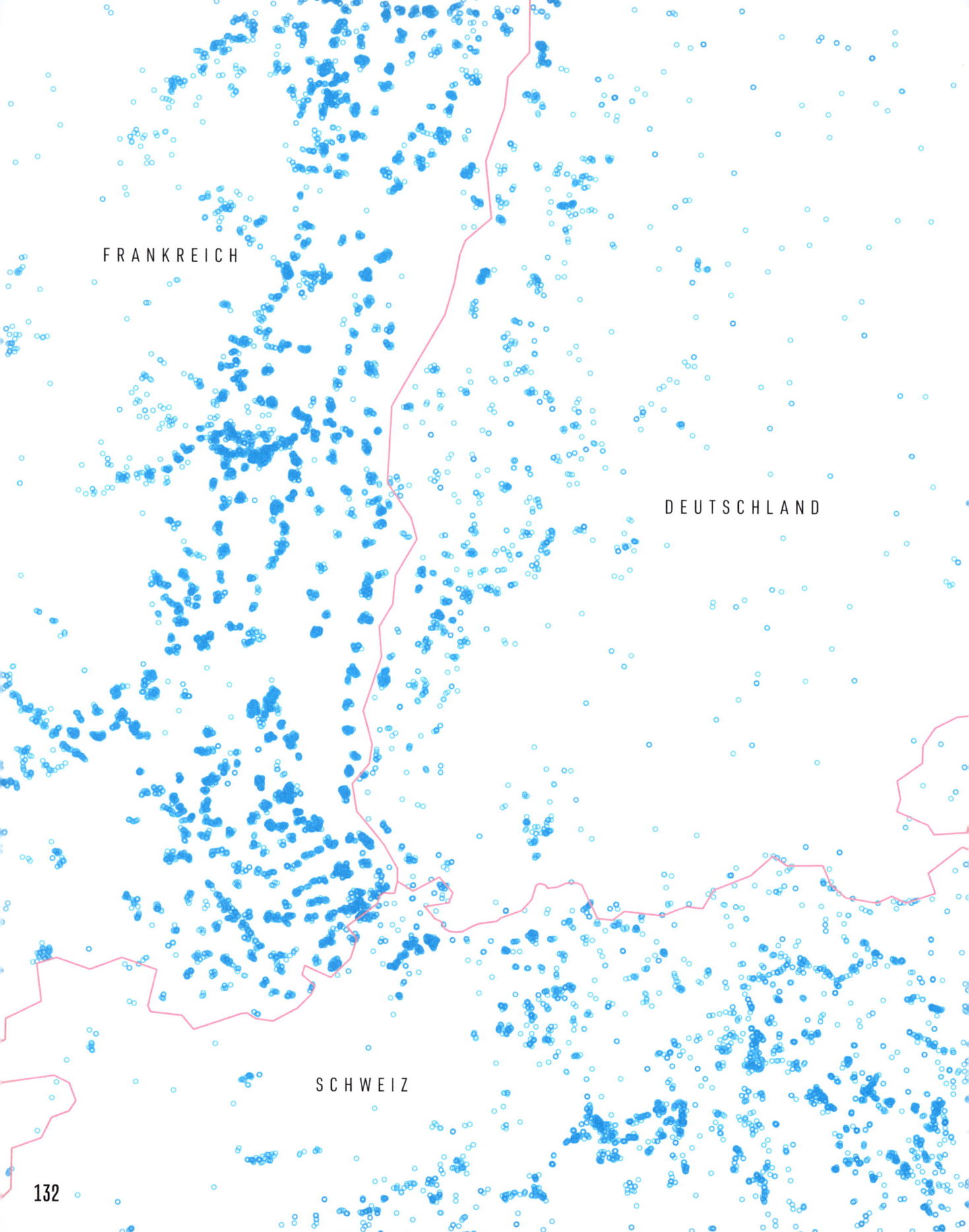

Swimmingpool-Dichte in Deutschland, Frankreich und der Schweiz

Aus der Luft betrachtet zeigt das Dreiländereck eine Besonderheit: unterschiedliche Pool-Dichten. Für einen privaten Swimmingpool braucht man Geld und warmes Wetter. Das erklärt die vielen Pools in der Schweiz. Irgendwo müssen Schweizer ihr Geld verbuddeln, warum also nicht im eigenen Garten? Weshalb aber hat das Elsass viel mehr Schwimmbecken als Baden-Württemberg? Am Wohlstand kann es nicht liegen. Die Elsässer sind sogar etwas weniger gut situiert (siehe Seite 190). Das Wetter ist ähnlich und die Auflagen in Frankreich offenbar noch höher. Vielleicht liegt es einfach daran, dass sich Frankreich als mediterranes Land versteht, auch im Elsass.

○ Swimmingpool

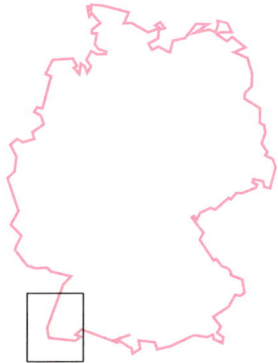

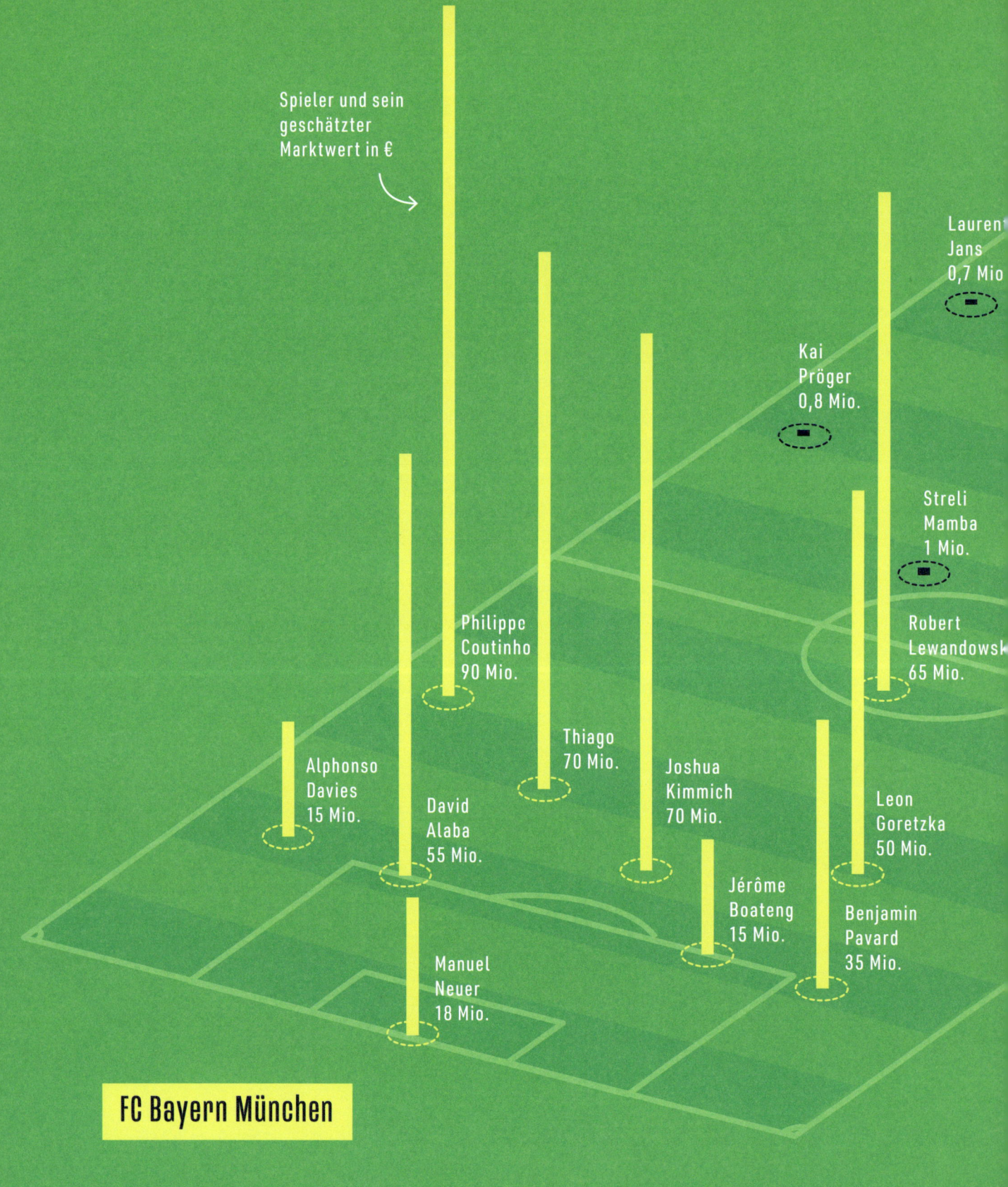

SC Paderborn 07

Leopold Zingerle 0,75 Mio.
Sebastian Schonlau 1,5 Mio.
Luca Kilian 0,4 Mio.
Jamilu Collins 3 Mio.
Klaus Gjasula 0,75 Mio.
Sebastian Vasiliadis 3,5 Mio.
Christopher Antwi-Adjei 1,5 Mio.
Ben Zolinski 0,75 Mio.
Serge Gnabry 60 Mio.

Wenn der teuerste Bundesligaclub gegen den günstigsten spielt

Die Hälfte aller Bundesligatitel ging an den FC Bayern München. Der SC Paderborn verbrachte hingegen die meiste Zeit in der 3. Liga. So sieht es aus, wenn der Titelverteidiger auf den Aufsteiger trifft. Der Marktwert ist nicht das Gehalt, sondern die geschätzte Ablösesumme, die bei einem Vereinswechsel erzielt werden könnte. Er zeigt, wie gefragt ein Spieler ist. Jüngere Spieler sind generell mehr wert. Deshalb beträgt der Marktwert bei einem bekannten, aber schon älteren Spieler wie Jérôme Boateng nur noch 15 Millionen – oder so viel wie die ganze Paderborner Elf zusammen.

1 *Nürburgring* NÜRBURG

2 *Volkswagen* EHRA-LESSIEN

4 *Lausitzring* KLETTWITZ

6 *Blister Berg* BAD DRIBURG

5+7 *Opel* DUDENHOFEN

8 *Motorsportarena* OCHERSLEBEN

9 *Hockenheimring* HOCKENHEIM

10 *Sachsenring* HOHENSTEIN-ERNSTTHAL

11 *Offroadpark* KALLINCHEN

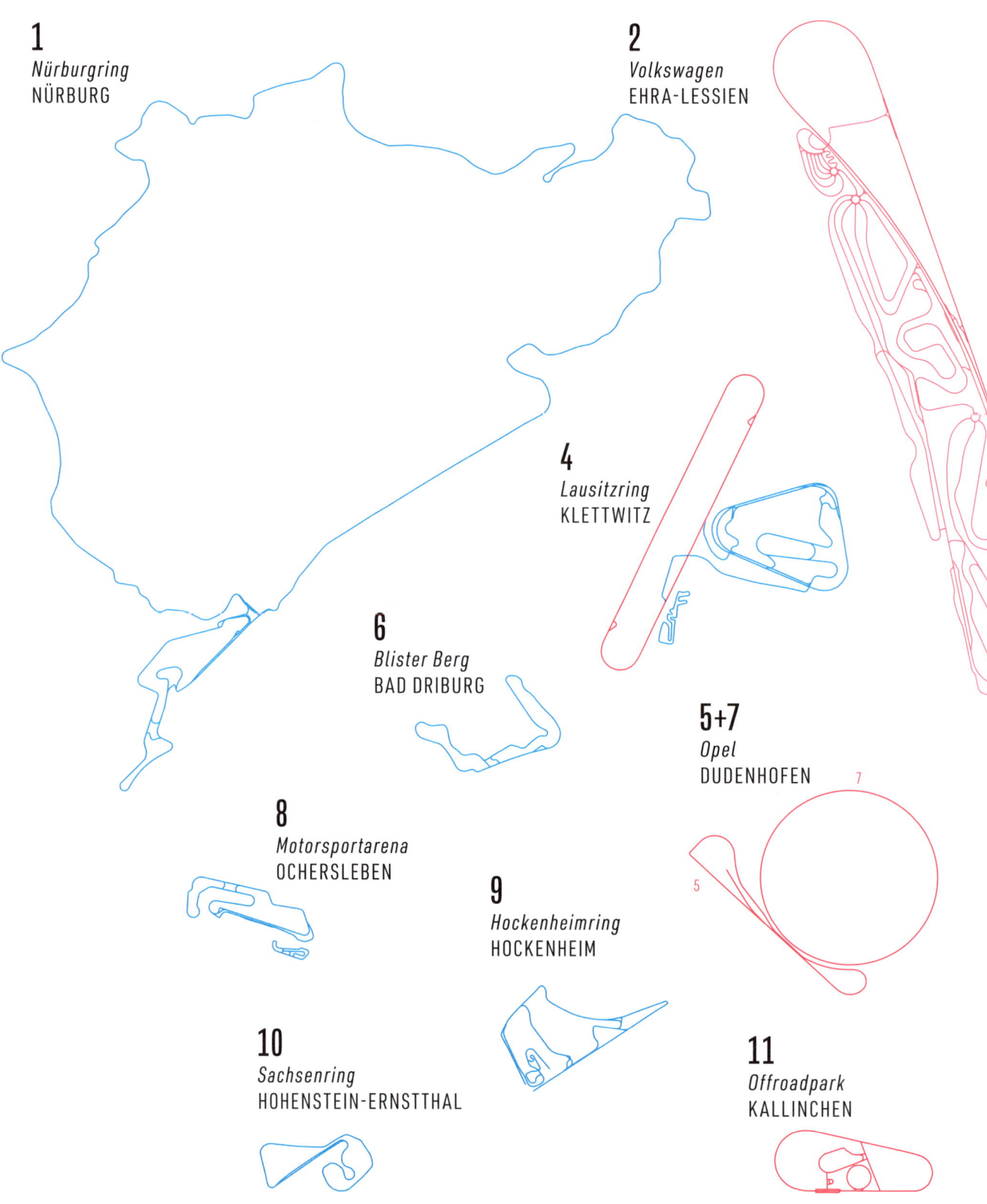

3
ATP
PAPENBURG

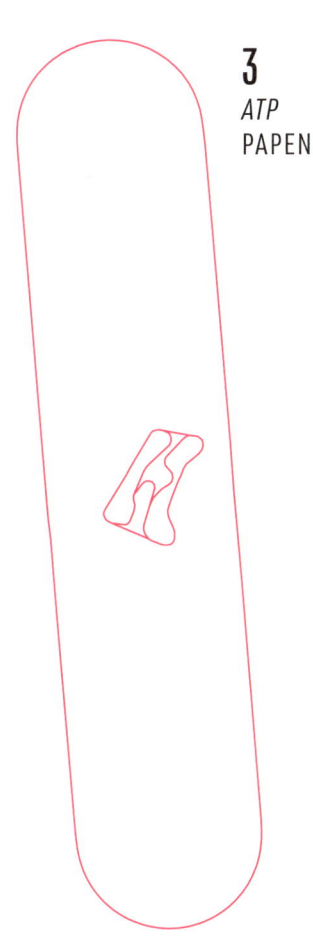

Autorennstrecken, nach Umfang sortiert

Zehn Kilometer lang ist allein die längste Gerade auf dem Volkswagen-Testgelände Ehra-Lessien in einem Waldgebiet nördlich von Wolfsburg. 100 Kilometer Straßen in allen möglichen Streckenführungen und Untergründen kommen noch hinzu. Teststrecken werden meistens von Autobauern betrieben, um neue Modelle zu testen. Manche stehen auch Privatpersonen offen für sogenannte Fahrtrainings, also um mal richtig Gas zu geben. Stadtkurse sind Rennstrecken auf Straßen, die am Renntag abgeriegelt werden.

— Rennstrecke   — Teststrecke   — Stadtkurs

12
Porsche
LEIPZIG

13
Driving Center
TEMPLIN

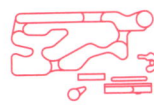

14
PMV
PEENEMÜNDE

15
Spreewaldring
SCHÖNWALD

16
BMW
DINGOLFING

17
Norisring
NÜRNBERG

18
BMW
LEIPZIG

19+20
Testing Center
ALDENHOVEN

Ramstein

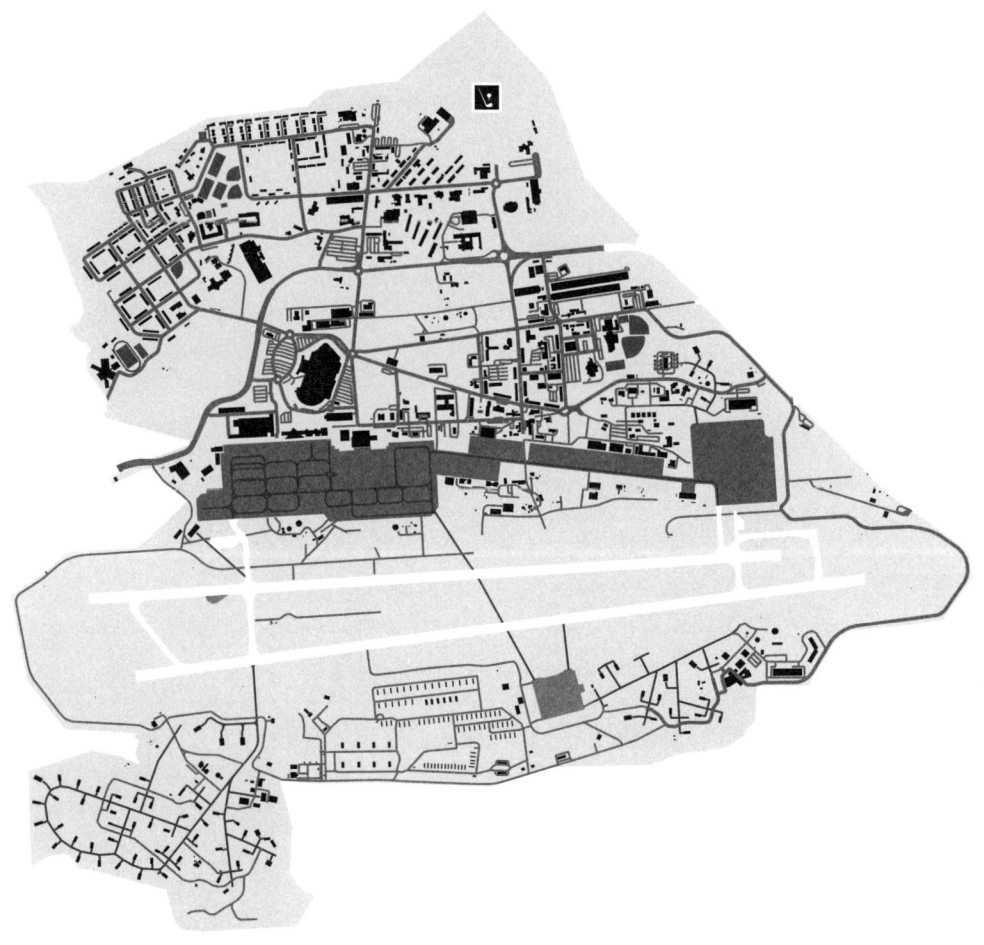

Die US Air Base in Rheinland-Pfalz

Rammstein

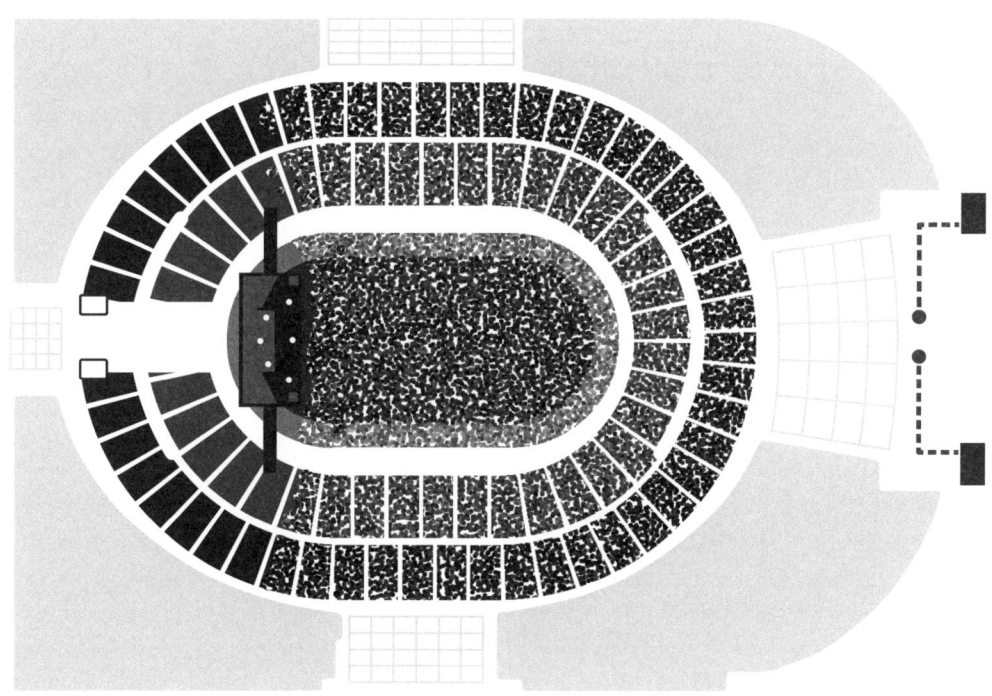

Die Metal-Band im Olympiastadion Berlin

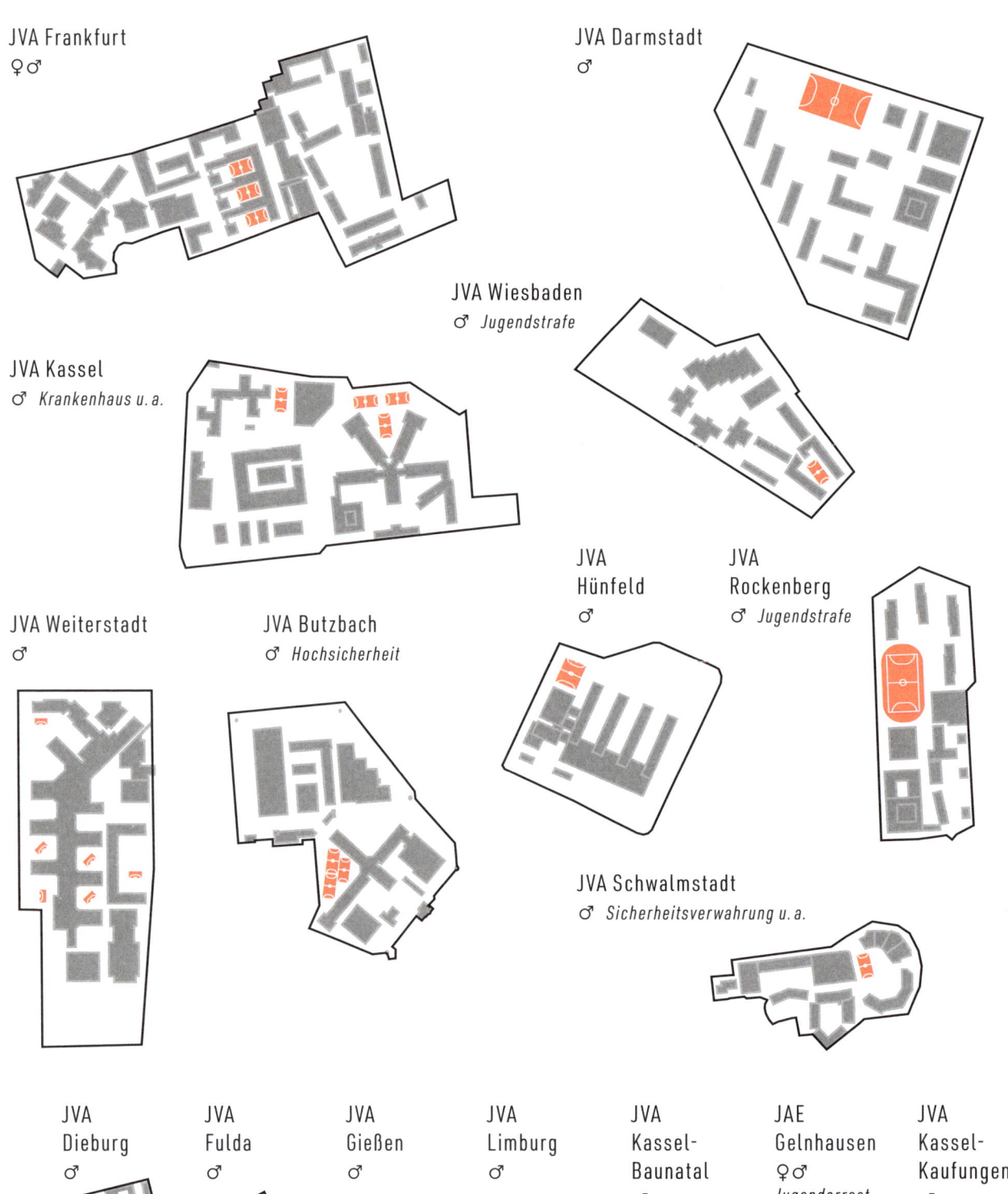

Gefängnisse in Hessen, nach Größe sortiert

4500 Menschen leben in diesen Gefängnissen in Hessen, beinahe eine kleine Stadt. Insgesamt 64 000 sitzen in Deutschland in Haft, so viele wie Weimar Einwohner hat. Wenn auch die Demographie etwas anders ist: Nur sechs Prozent sind Frauen und drei Prozent Jugendliche. Die USA sperren übrigens pro Kopf acht mal mehr weg. Schaut man sich diese Dörfer von oben an, fallen vor allem die Sportplätze auf. Das Strafvollzugsgesetz garantiert Gefangenen die Teilnahme an Sportunterricht und Sportveranstaltungen. Täglich dürfen die Häftlinge mindestens eine Stunde raus. Sport gilt als beliebteste Tätigkeit im Bau.

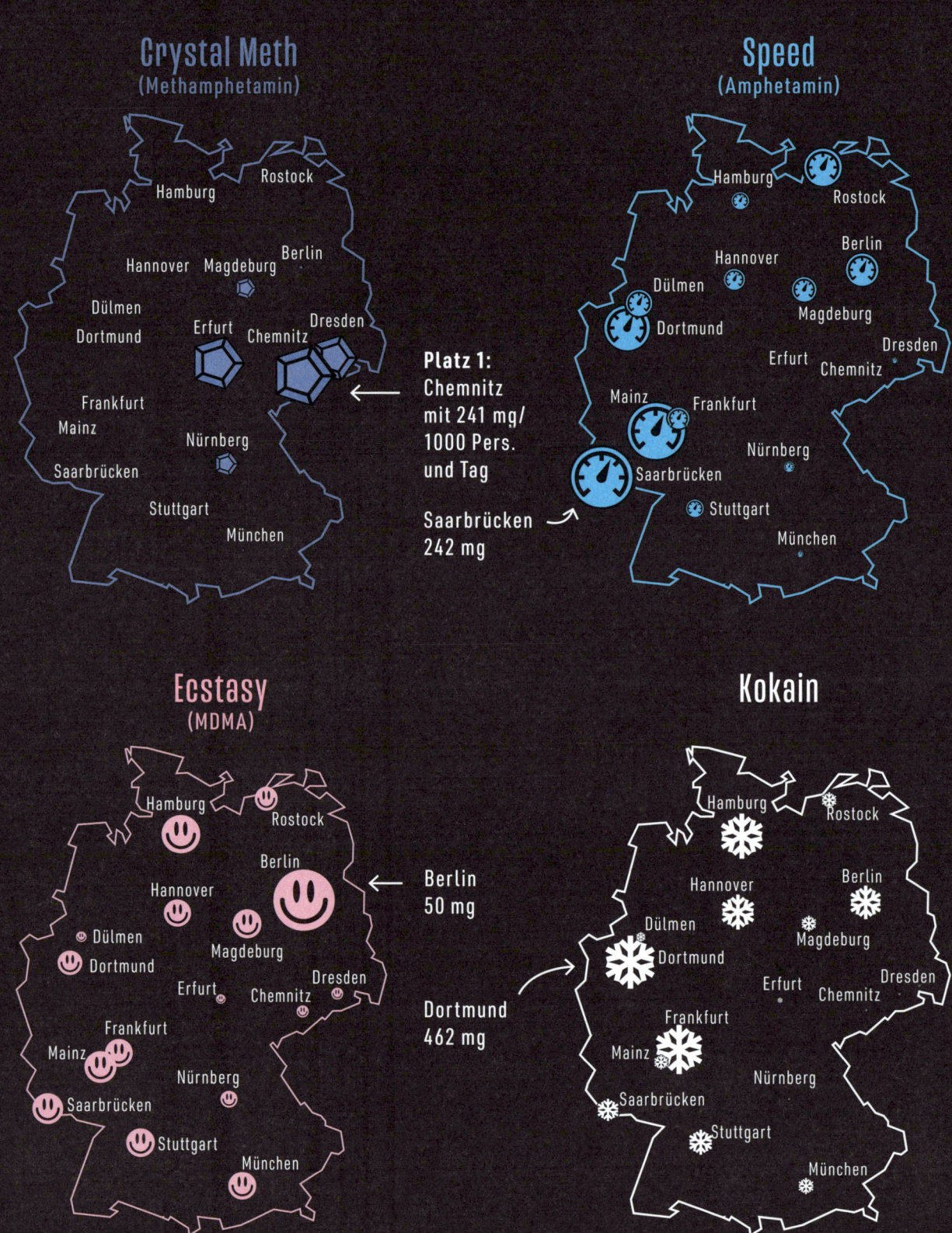

Drogen im Abwasser

Auch Städte müssen zum Urintest. Seit einigen Jahren wird ihr Abwasser regelmäßig auf Drogenrückstände untersucht. Der Vorteil: Forscher sind bei Erhebungen nicht auf persönliche Angaben aus Umfragen angewiesen. Andererseits können sie anhand des Abwassers nur den Gesamtkonsum ermitteln und – aus finanziellen Gründen – lediglich während einer Woche im Jahr. Auffällig auf der Karte ist der Einfluss von Grenzregionen auf die Art des Konsums. Crystal Meth war lange vor allem in Tschechien verbreitet. Mittlerweile sind Erfurt, Chemnitz und Dresden Europas Meth-Metropolen. Ebenfalls an Europas Spitze steht Saarbrücken; hier wird überwiegend das aufputschende Speed konsumiert. Ecstasy scheint vor allem in Berlin beliebt. Das heißt aber nicht zwingend, dass die Berliner die Droge häufig nehmen. Zum Abwasser tragen auch die Partytouristen bei.

Wie Berlin Rap-Metropole wurde

Als das mit dem Deutschrap in den neunziger Jahren begann, kamen die Bands vor allem aus Hamburg. Sie hatten spaßige Namen wie Fettes Brot oder Absolute Beginner. Landeten sie auf der Eins, wollten sie einfach nur »Danke!« sagen. Ihre Texte klangen so: »Sie sagen: Ey Jan, rapp doch mal was Positives / Ich sag: Kein Problem, da gibt es gar nicht so weniges«. Andere sahen das bald anders. Sie kamen aus Berlin, hießen Kool Savas, Sido oder heute Capital Bra – und rappten gegen all das Negative im Leben an. Heute dominieren sie mit ihrem Battlerap gleich die ganzen Charts und sagen dazu: »Ihr könnt reden, was ihr wollt / Wir gehen trotzdem auf die Eins und trotzdem holen wir Gold!«

Anzahl der Rapper/Crews

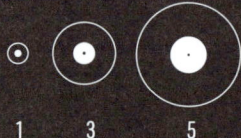

1 3 5

Wirkungsstätte beim ersten Release. Daten basierend auf dem Deutschrap-Periodensystem von BR-Puls (2014).

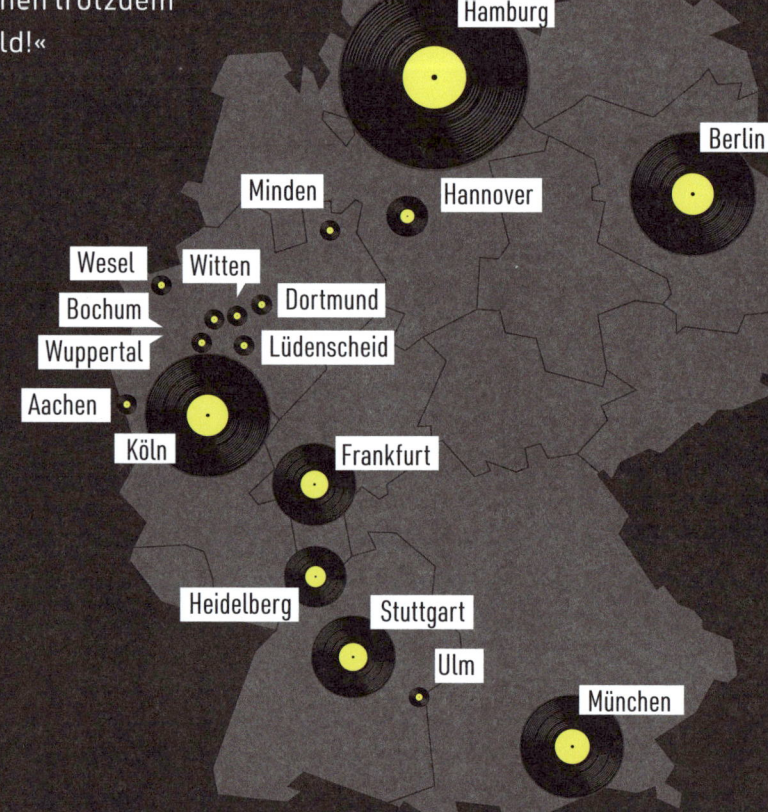

1990er Jahre

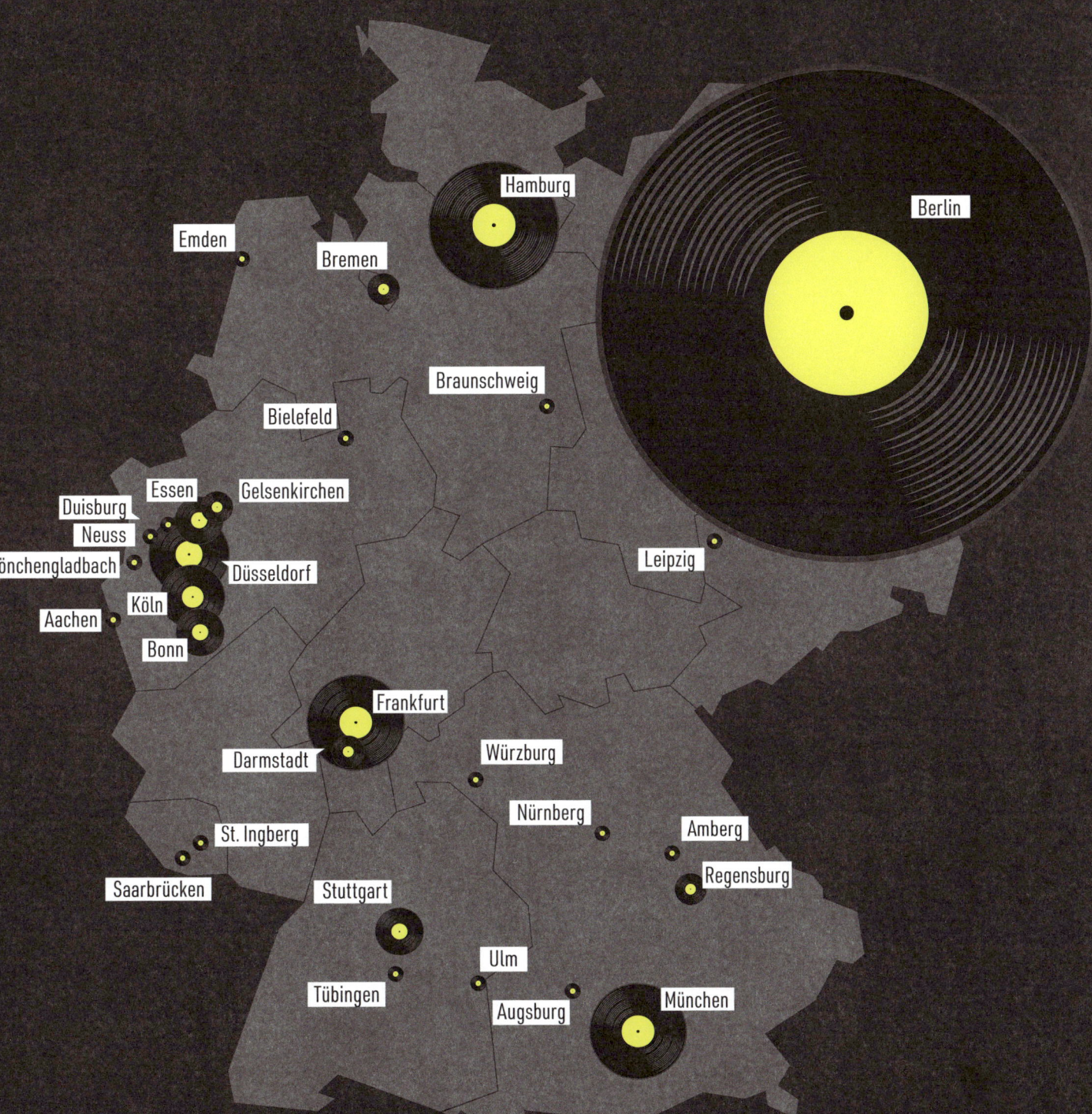

Albumchartplatzierung

Udo Lindenbergs Comeback

Ein Auftritt in der DDR wurde Udo Lindenberg stets verweigert. Doch als die innerdeutsche Grenze endlich weg war und die Züge ungehindert nach Pankow hätten fahren können, verschwand Lindenberg aus dem musikalischen Mainstream.
Er wurde zu dieser wandelnden Legende im Hamburger Hotel Atlantic. Bis ihm doch noch zwei Nummer-1-Alben gelangen: »Und ich werde mich nicht ändern / werd kein anderer mehr sein / ich habe tausend Pläne / doch 'n Plan B hab ich keinen«.

2008
Stark wie Zwei

2016
Stärker als die Zeit

2000

2010

Der kürzeste Weg über sieben Brücken

Die Beziehung zwischen der deutschen Kraftwerkslaborantin Gitta und dem polnischen Kühlturmbauarbeiter Jerzy war so schwierig wie die polnisch-deutsche Außenpolitik. Die Liebesgeschichte wurde 1978 in der DDR verfilmt: »Über sieben Brücken musst Du gehn«. Die Titelmusik schrieb die Band Karat. Peter Maffay machte die Coverversion berühmt. Doch wo zwischen Deutschland und Polen wäre er, der kürzeste Weg über sieben Brücken? Offenbar im Muskauer Park, wo Fürst Pückler einst versuchte, die Landschaftsgärtnerei mit der Natur in Einklang zu bringen.

Park Mużakowski

Lausitzer Neiße

Łęknica

Holstein
Hansestadt Hamburg
Grhzm. Mecklenburg-Schwerin
Grhzm. Oldenburg
Königreich Hannover
Berlin
Hzm. Braunschweig
Hzm. Anhalt
Königreich Preußen
Hzm. Limburg
auch Königreich Preußen
Kurfsm. Hessen
Erfurt
Kgr. Sachsen
Dresden
Hzm. Nassau
Grhzm. Hessen
Freie Stadt Frankfurt
Grhzm. Luxemburg
Kaiserreich Österreich
auch Kgr. Bayern
Großherzogtum Baden
Königreich Bayern
Wien
Königreich Württemberg
Bozen

Das Deutschland, das Heine um den Schlaf brachte

»Denk ich an Deutschland in der Nacht, dann bin ich um den Schlaf gebracht« – die Zeilen von Heinrich Heine werden immer dann zitiert, wenn Deutschland mal wieder Unbehagen bereitet, also oft. Aber welches Deutschland meinte Heine? Das Deutschland, von dem Heine träumte, war ein Deutschland mit einer bürgerlichen Verfassung anstelle des feudalen Gottesgnadentums. Aber auch ein Deutschland eingebettet in Europa, ohne nationalistische Deutschtümelei. Welches Deutschland genau Heines lyrisches Ich um den Schlaf gebracht hat, ist natürlich eine Frage der Interpretation. Aber man liegt mit dem Deutschen Bund (Karte), dominiert von Österreich und Preußen, nicht völlig daneben. Heine schrieb seine *Nachtgedanken* im Pariser Exil, kurz vor den Revolutionen von 1848.

Warum Germanien ein Phantasiegebilde ist

Cäsar hat die »Germanen« erfunden, als er den Rhein als Grenze zwischen »Gallien« und »Germanien« definierte. Die Leute dort wussten nichts von ihrem Glück. Im Römischen Reich hingegen wurde ausführlich über dieses Volk geschrieben. Das wichtigste Werk dieser Art sind die 30 Seiten, die Tacitus für seine Senatorenkollegen verfasste, eine Art Kriegsvorbereitung. Tacitus beschrieb ein Volk, das ein karges Land bewirte und daher einfach, tapfer, treu, ehrenwert und »unvermischt« sei. Nicht nur den Nationalsozialisten sollte diese Charakterisierung Jahrhunderte später gefallen. Dabei hat es dieses einheitliche Volk der Germanen so nie gegeben. Und Tacitus dürfte auch nie in Germanien gewesen sein.

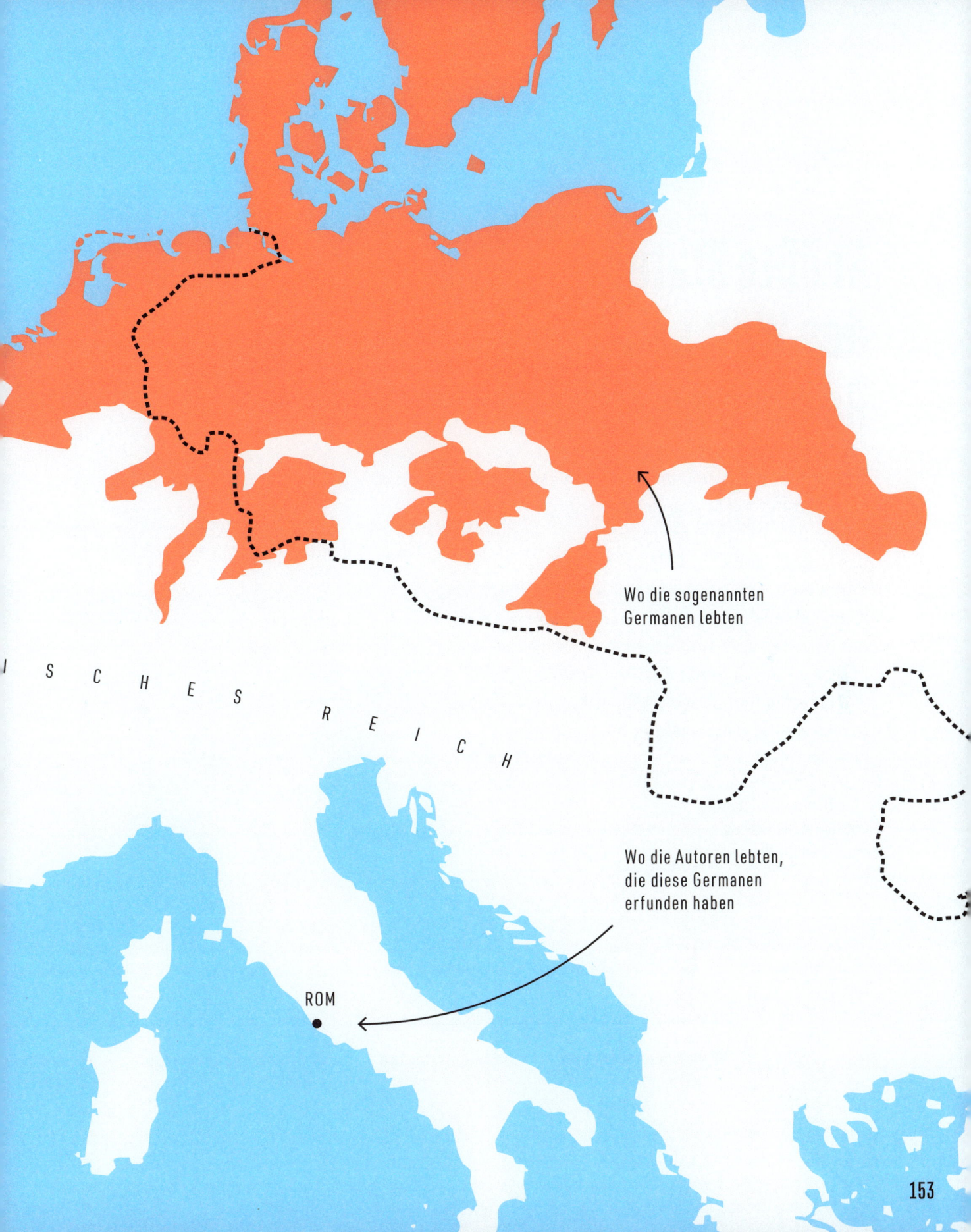

Größte Statuen der Welt seit dem Hermannsdenkmal

Deutschland war jung und brauchte einen Helden. Arminius hatte mal eine Schlacht gegen die Römer gewonnen. Also machte man ihn zum ersten Deutschen und baute ihm 1875 die größte Statue der damaligen Welt. Lange blieb sie das aber nicht. Auch jenseits des Atlantiks war gerade ein Staat auf einem Selbstfindungstrip. Wobei die Freiheitsstatue der Amerikaner mit ihrer Fackel und dem Buch deutlich freundlicher ausfiel als der schwertschwingende Hinterwäldler bei Detmold.

NEW YORK
USA

Die Grafik zeigt nur die Statuen, die mal die größten der Welt waren.

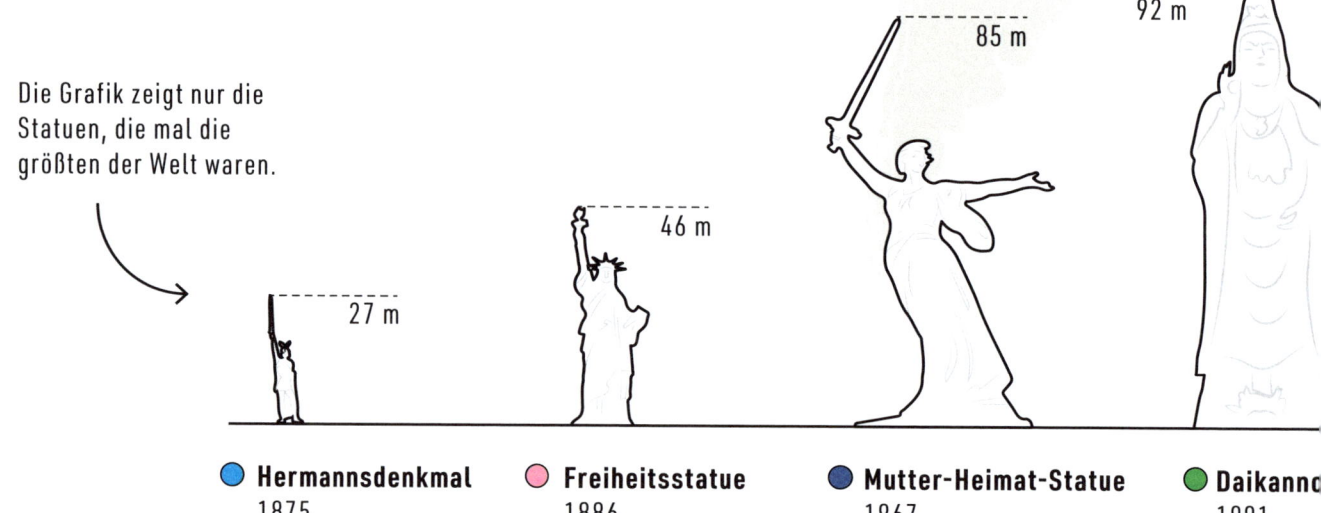

| ● Hermannsdenkmal | ● Freiheitsstatue | ● Mutter-Heimat-Statue | ● Daikanno |
| 1875 | 1886 | 1967 | 1991 |

27 m — 46 m — 85 m — 92 m

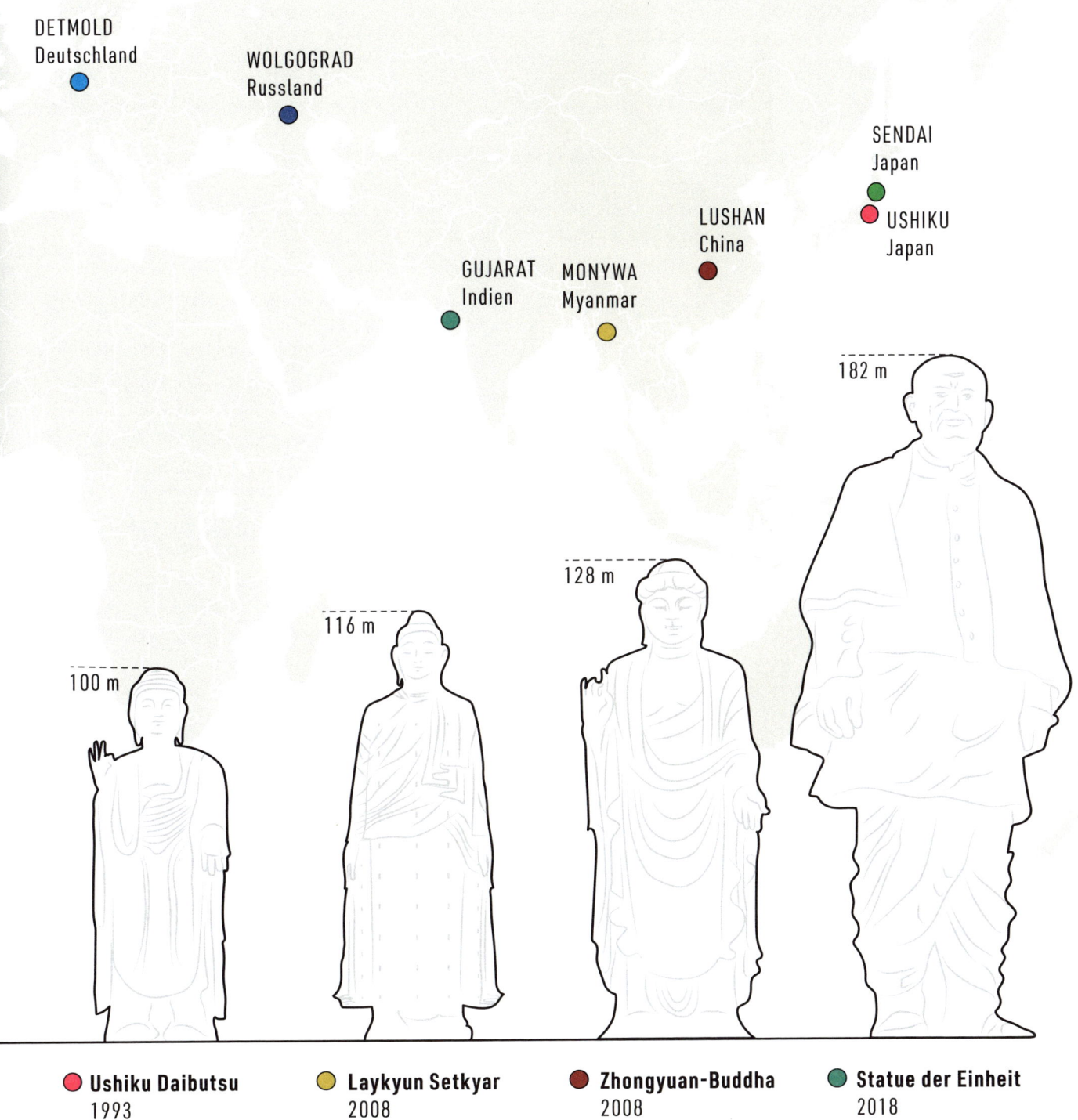

Der Helgoland-Sansibar-Tausch

HELGOLAND

1890 unterzeichneten Deutschland und Großbritannien einen Vertrag, der als »Helgoland-Sansibar-Vertrag« bekannt wurde und als schlechtester Tausch der Geschichte Berühmtheit erlangen sollte. Deutschland hatte Sansibar (blaue Lagunen und weiße Strände) gegen einen von Möwen beschissenen Felsen in der Nordsee eingetauscht. Doch tatsächlich war Sansibar nie deutsche Kolonie. Deutsche hatten sich lediglich am gegenüberliegenden Festland installiert, Briten auf der Insel. Deutschland gab Sansibar also nicht her, sondern verzichtete nur darauf, es in Zukunft erobern zu wollen. Dafür erhielt es Helgoland. Dass das ein schlechter Tausch gewesen sei, behauptete später Otto von Bismarck, aus Wut über seine Entlassung als Kanzler. Heute ist der Vertrag Inbegriff kolonialen Geschachers.

Sämtliche afrikanischen Kulturgüter, die Deutschland bislang zurückgegeben hat

Weit über 90 Prozent der Kulturgüter aus Subsahara-Afrika lagern in westlichen Museen. Allein die Afrikasammlung des Ethnologischen Museums in Berlin umfasst 70 000 Objekte. Genaue Zahlen gibt es nur zu den Kulturgütern, die Deutschland bislang zurückgegeben hat: drei. Die Säule von Cape Cross aus dem 15. Jahrhundert markierte den Beginn des portugiesischen Kolonialismus und ging zurück an Namibia. Die Bibel und die Viehpeitsche stammen vom namibischen Volkshelden und Widerstandskämpfer Hendrik Witbooi.

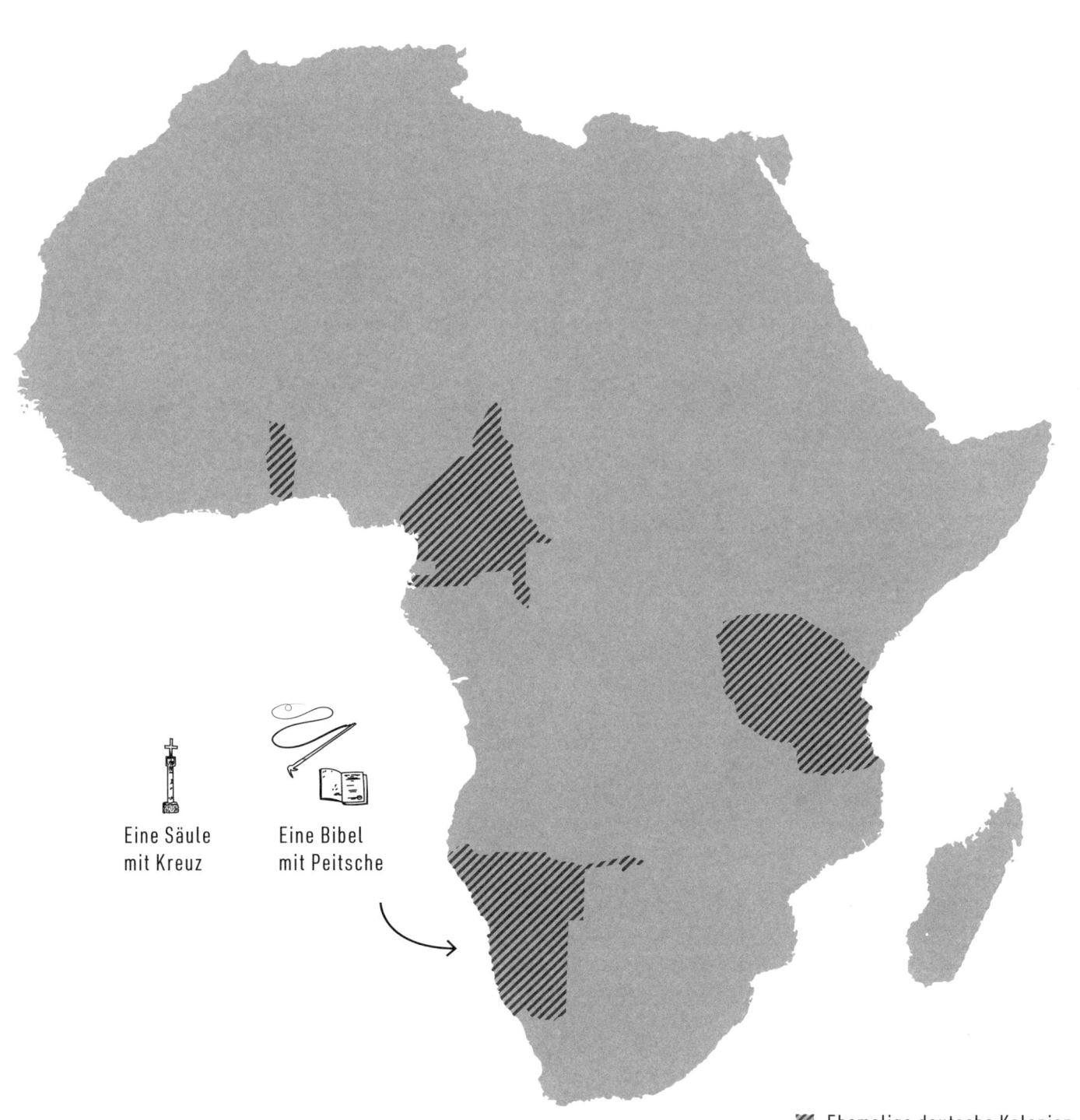

Heiliges Römisches Reich (bis 1806),
hier zur Staufer-Zeit (1125–1254)

Deutsches Kaiserreich
1871–1918

Deutsche Reiche

Das Heilige Römische Reich war mal so etwas wie ein deutsches Weltreich. Jedenfalls reichte es unter den Staufern bis runter nach Sizilien. Als es 1806 unter dem Druck Napoleons implodierte, war es nur noch ein Flickenteppich. 1871 bis zum Ersten Weltkrieg folgte das Deutsche Kaiserreich. Als dessen legitimer politischer Nachfolger sahen sich die Nationalsozialisten. Den großen historischen Bogen aber schlugen sie bis zurück in die Zeit Barbarossas. So entstand der Propagandabegriff vom Dritten Reich. Tausend Jahre sollte es währen. Zwölf zu viel sind es geworden.

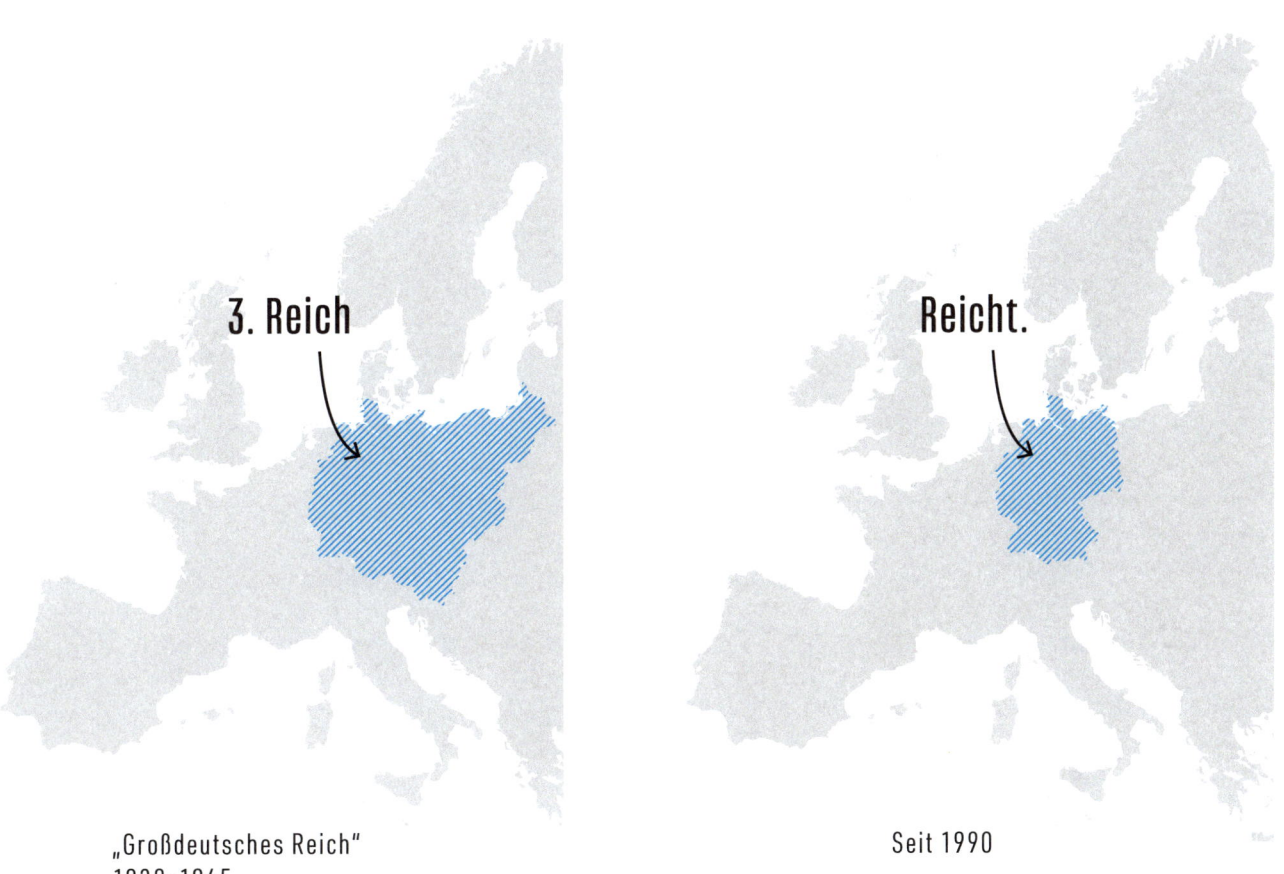

„Großdeutsches Reich"
1938–1945

Seit 1990

Warschauer Ghetto
450 000 Bewohner (1941)

Warschau war vor dem Zweiten Weltkrieg das Zentrum jüdischen Lebens in Europa. Mehr Juden lebten nur in New York. 1940 marschierten die Deutschen ein. 450 000 Juden wurden in einem abgeriegelten Ghetto von drei km² eingesperrt. Acht Menschen teilten sich im Schnitt ein Zimmer. Nahrung und Medikamente waren knapp. Etwa 100 000 starben noch im Ghetto, die meisten anderen wurden in das KZ Treblinka deportiert. Nur wenige tausend erlebten das Ende der Besatzung.

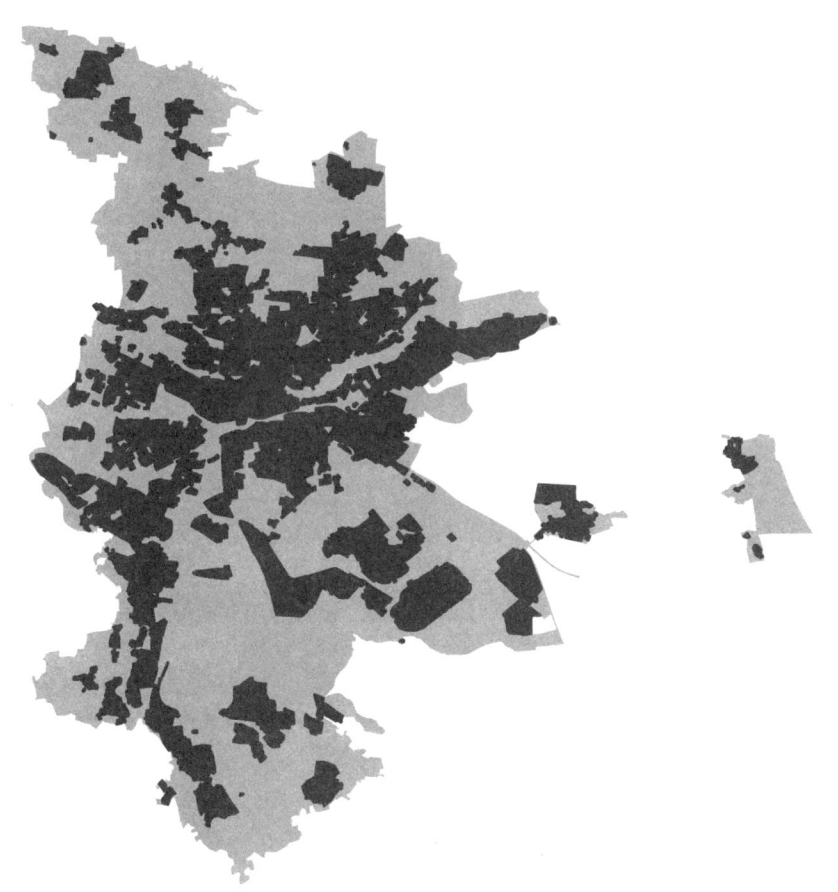

Nürnberg
518 000 Bewohner (heute)

Stasi-Standorte

Als 1972 DDR und BRD den Grundlagenvertrag unterzeichneten, bekannte sich die DDR auch zu den Menschenrechten. Was daraufhin passierte, war paradox: Die Stasi wuchs. Überwachen trat anstelle von Strafen. Einst hatte der Geheimdienst ein paar tausend Mitarbeiter. Zum Ende der DDR hin waren es über 90 000 sowie fast 200 000 IMs, einer auf 180 Einwohner. Die Karte zeigt Sperrgebiete, Dienstobjekte sowie Sport- und Wohneinrichtungen der Stasi. Nicht erfasst sind die konspirativen Wohnungen für geheime Treffen, da diese von den IMs bereitgestellt wurden.

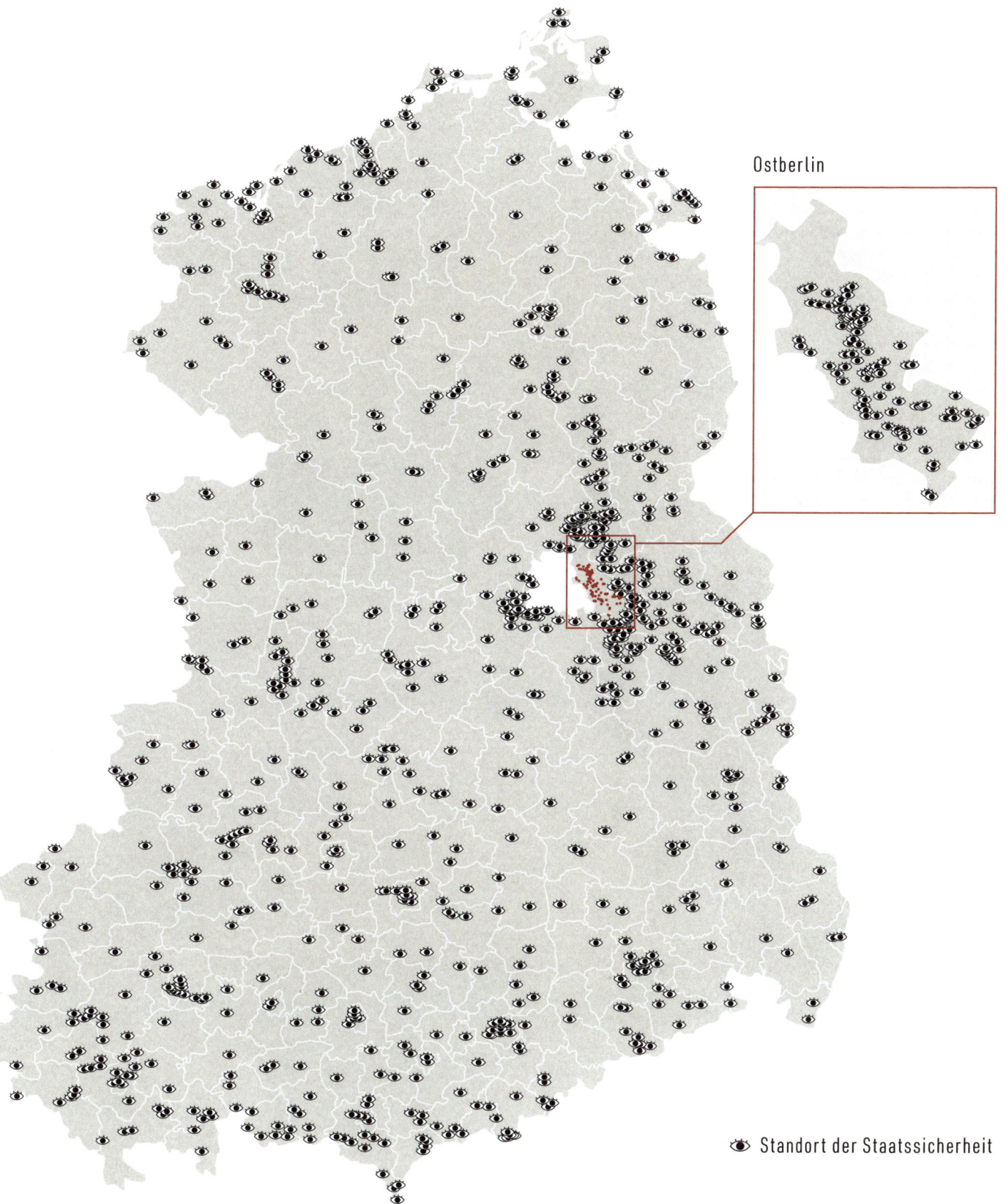

Aussichten auf bessere Lebensbedingungen

1973

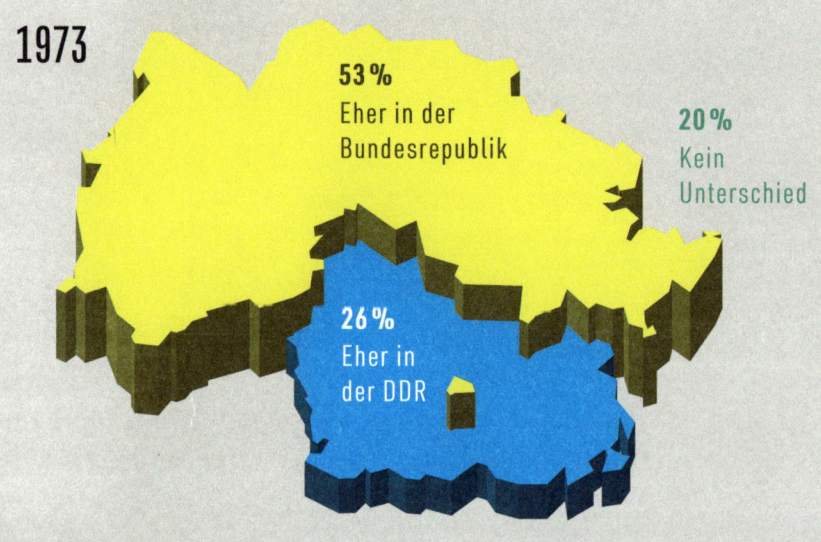

1989

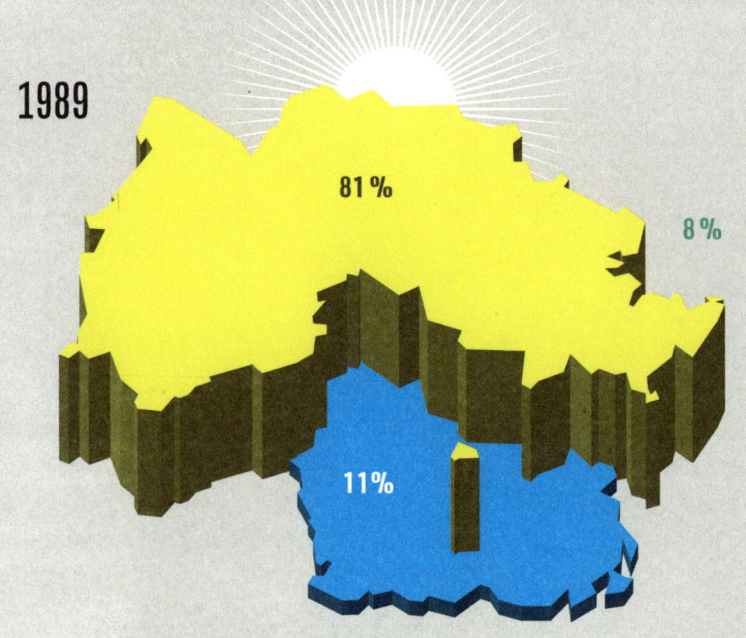

Wann in der DDR die Stimmung kippte

Auch als die Mauer schon stand und die Wirtschaft stagnierte, sah fast die Hälfte der DDR-Bürger gleich gute oder gar bessere Zukunftsaussichten in der DDR (obere Karte). Meinungsumfragen gab es im Osten zwar nicht. Westdeutsche Meinungsforscher befragten stattdessen Westdeutsche mit Bekannten in der DDR. Aus diesen Daten erfahren wir aber noch mehr. Demnach stieg die Zahl der Systemgegner von 1973 bis 1983 von 20 auf 30 Prozent. Die Anhänger des Regimes blieben konstant bei 20 Prozent. Wirklich gekippt ist die Stimmung erst zum Schluss, unter anderem weil Westreisen einfacher wurden und das Bild der BRD revidierten. 40 Prozent hatten sich 1989 gegen das System gewandt. 80 Prozent sahen im Westen eine bessere Zukunft (untere Karte).

Deutsche in der Sowjetunion

Nach dem Zusammenbruch des Ostblocks durften Menschen deutscher Abstammung zurück nach Deutschland. 2,5 Millionen – vor allem aus Russland und Kasachstan, aber auch aus Polen und Rumänien – nutzten seither die Chance. Sogenannte Wolgadeutsche und Schwarzmeerdeutsche (gelbe Balken) zogen im 18. und 19. Jahrhundert als Siedler in den Osten. Nach dem Überfall der Nationalsozialisten auf die Sowjetunion begann ihre Zwangsumsiedlung nach Sibirien und Kasachstan, wo nach dem Krieg bis zum Ende der Sowjetunion die meisten blieben (rote Balken). Unter ihnen: Helene Fischer.

Wo mehr als 2,5 % Nicht-EU-Ausländer leben

Bevölkerungsanteil im Landkreis

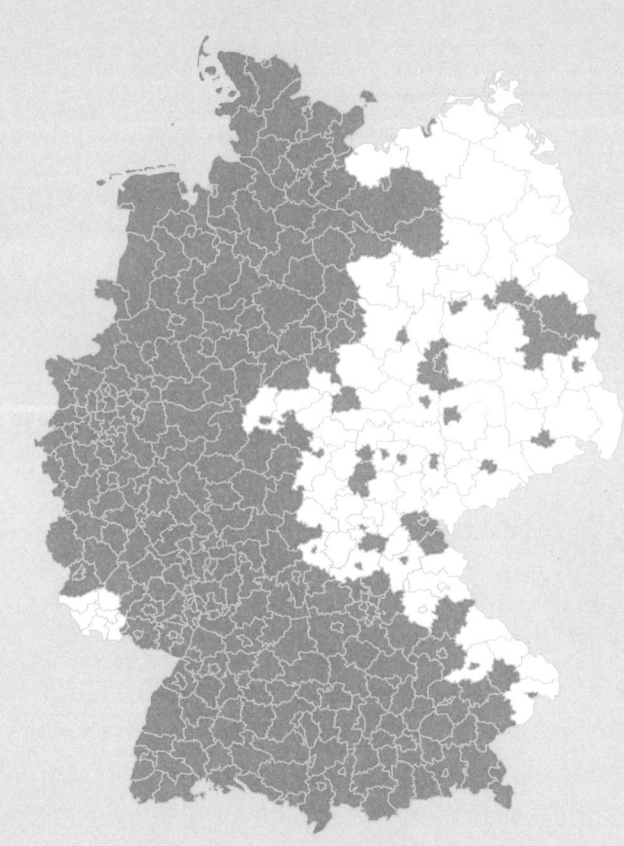

Wo die AfD über 18 % erreicht hat
Bundestagswahl 2017

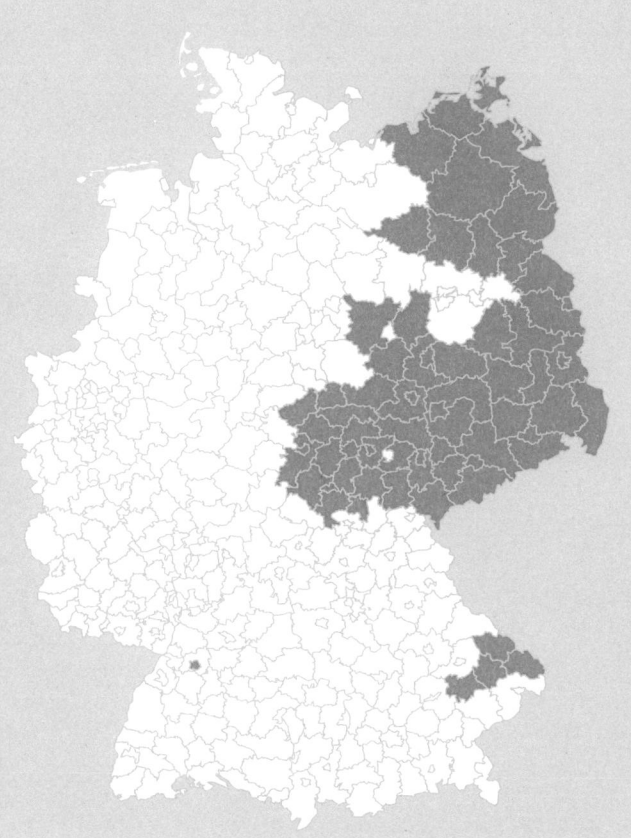

Brandanschläge auf Flüchtlingsunterkünfte

Brandanschläge auf Flüchtlingsunterkünfte ziehen sich durch die Geschichte der Bundesrepublik. Während der Flüchtlingskrise 2015/2016 zählte die Amadeu Antonio Stiftung besonders viele dieser Angriffe, im Schnitt alle drei Tage einen. Manche sollten Häuser zerstören, die zum Bezug vorgesehen waren, oft aber waren die Unterkünfte bereits bewohnt. Und auch wenn Sachsen auf der Karte heraussticht: Es gibt sie im Westen wie im Osten.

 Medien- oder Polizeiberichte über Brandanschläge 2015 und 2016

Wie sehr Deutsche ihren ausländischen Nachbarn trauen

- > 80 %
- > 70 %
- > 60 %
- > 50 %

der Befragten in Grenzregionen, die hohes Vertrauen in Personen aus dem Nachbarland haben

Und die Nachbarn den Deutschen?

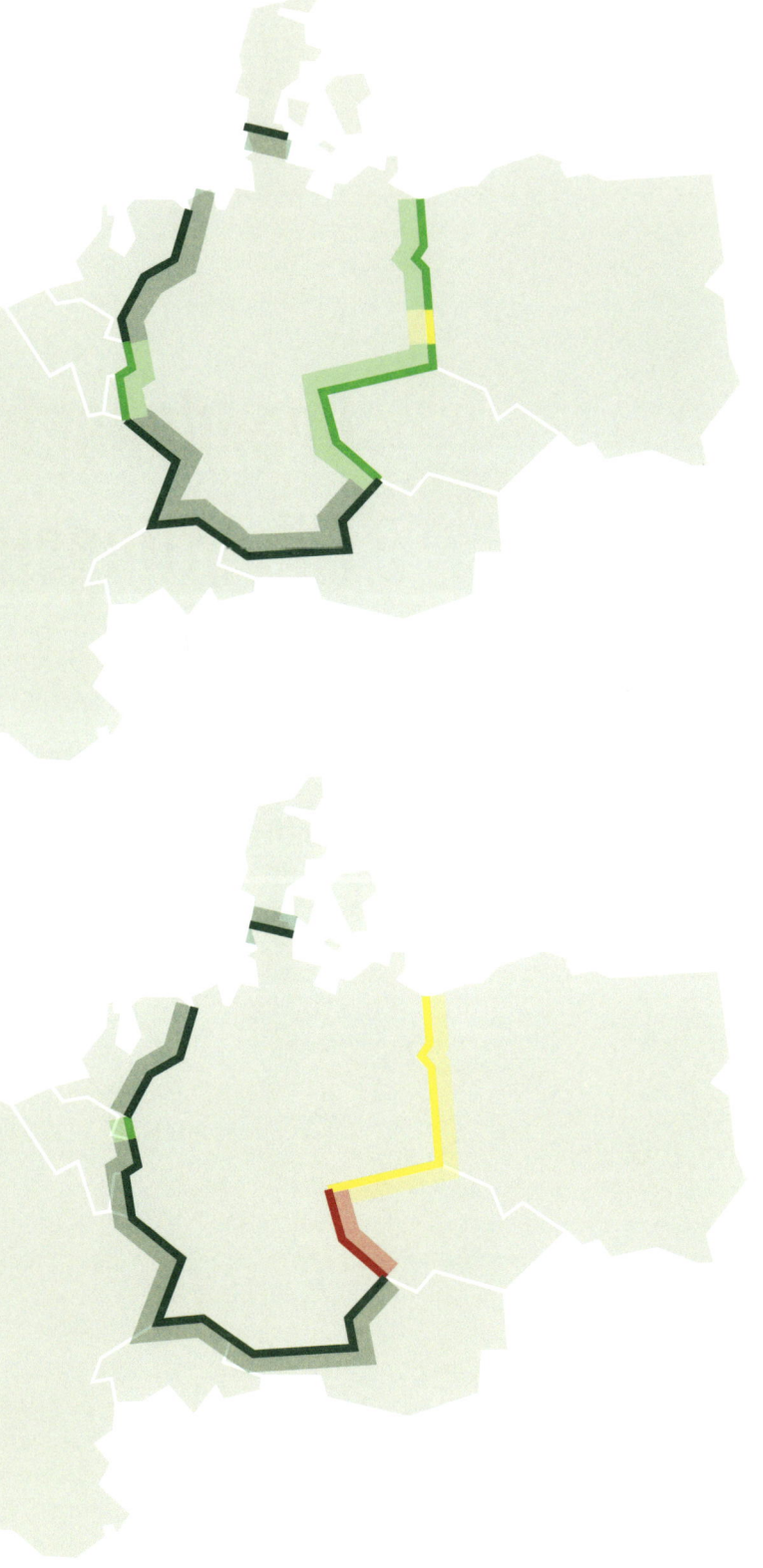

Was denn nur die Nachbarn denken

Was Grenzregionen und ihre Nachbarregionen verbindet und trennt, wollte die EU-Kommission wissen und ließ rund 40 000 Bewohner in Grenzregionen befragen. Logistisch scheinen Grenzen kaum noch Hindernisse zu sein. Orte auf der anderen Seite sind heute überall gut erreichbar. Auch kulturelle Unterschiede werden kaum noch als Probleme wahrgenommen, wobei die Deutschen – man ahnt es bereits – etwas weniger Probleme mit ihren Nachbarn haben als diese mit den Deutschen. Eher ins Gewicht fallen rechtliche und wirtschaftliche Differenzen. Und natürlich die Sprache. Aber vertraut man sich? Das Vertrauen der Tschechen in die Bayern zählt zu den niedrigsten in ganz Europa. Vor allem in Tschechien und Polen misstraut man den deutschen Nachbarn. Aus historischer Erfahrung, darf man vermuten.

Deutsche auf Wikipedia

292 Wikipedia-Ausgaben gibt es weltweit. Die kleinste – Dinka im Südsudan – hat gerade einmal 83 Artikel. Die englische ist mit 5,8 Millionen Einträgen die größte, die deutsche mit 2,3 Millionen immerhin auf Platz vier, allerdings geschlagen von der schwedischen. In wie viele Wikipedia-Ausgaben es berühmte Deutsche geschafft haben, zeigt diese Karte. Es handelt sich jedoch nicht um eine vollständige Rangliste, sondern um eine Auswahl von Personen aus verschiedenen Lebensbereichen.

Der Osterhase hat in 44 der weltweit 292 Wikipedia-Ausgaben einen Eintrag.

- 44 Osterhase
- 44 Joseph Beuys
- 48 Christa Wolf
- 48 Dieter Bohlen
- 49 Klaus Kinski
- 51 Sophie Scholl
- 52 Romy Schneider
- 54 Dirk Nowitzki
- 62 Heidi Klum
- 65 Boris Becker
- 70 Erich Honecker
- 73 Steffi Graf
- 75 Hannah Arendt
- 81 Hildegard von Bingen

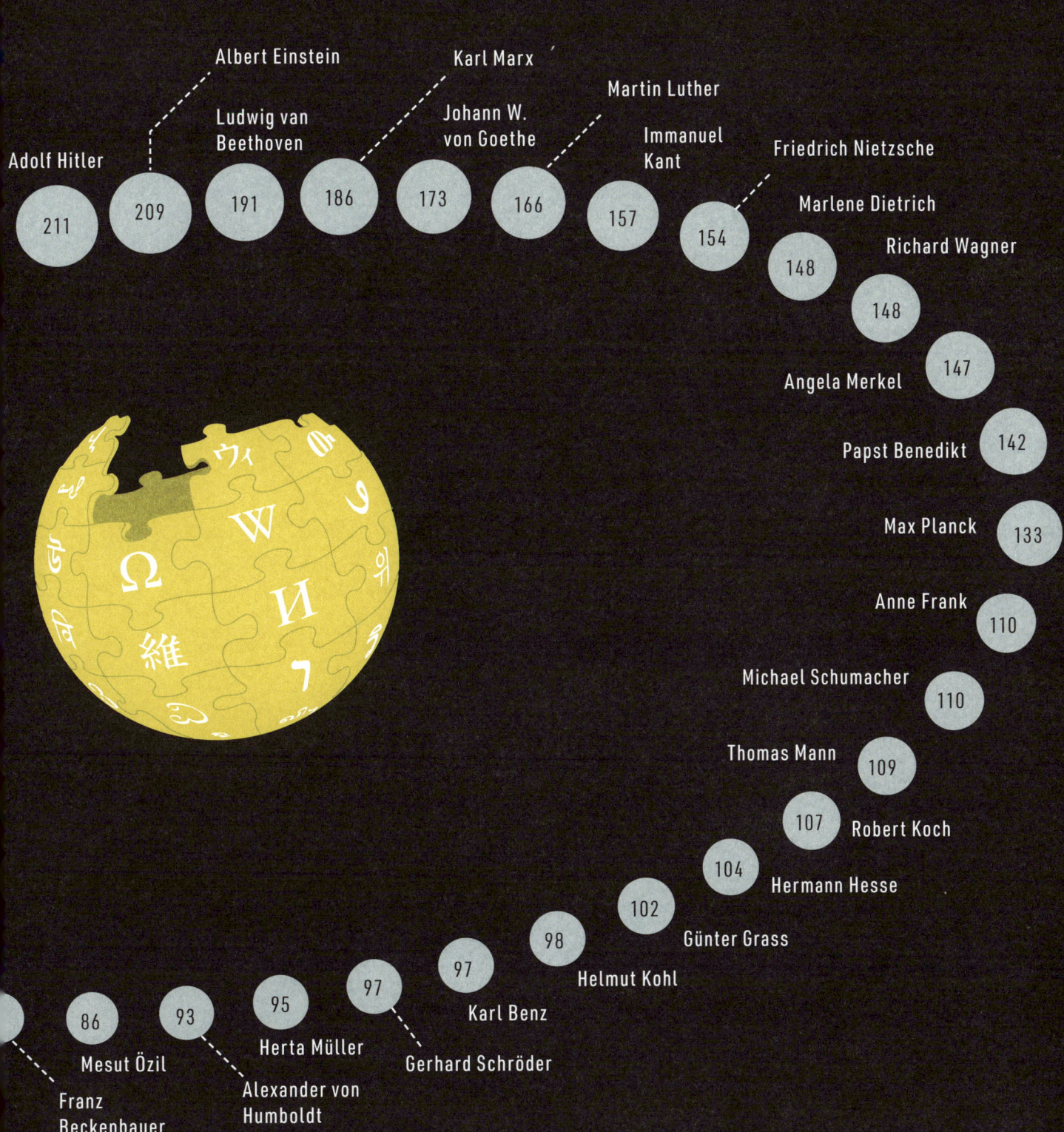

Amtsdauer amtierender Regierungschefs

Seit bald 15 Jahren ist Angela Merkel Bundeskanzlerin. Oder wie man in Deutschland sagt: normal. Konrad Adenauer regierte 14 Jahre, Helmut Kohl sogar 16. Gerade mal acht Bundeskanzler hatte die Bundesrepublik seit 1950 (neun mit dem kurzzeitig geschäftsführenden Walter Scheel). Italien brachte es in der etwa gleichen Zeit auf 29 Ministerpräsidenten. Rekordhalter Berlusconi hielt neun Jahre durch.

▮ ein Jahr im Amt

= Unterbrechung

Stand: Dezember 2019

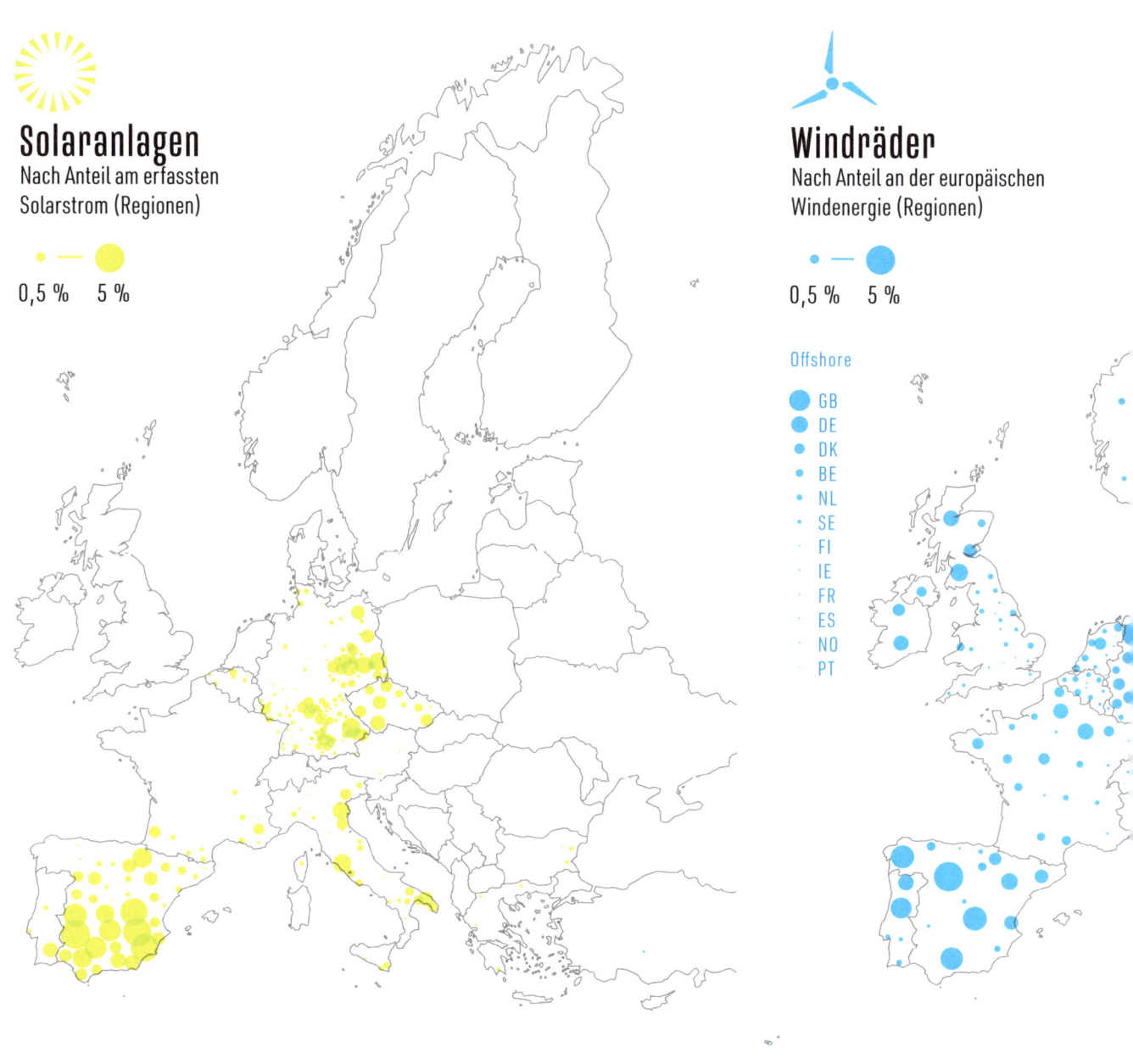

Sonne, Wind und Kohle: Deutschlands Stromversorgung ist so sauber wie verdreckt

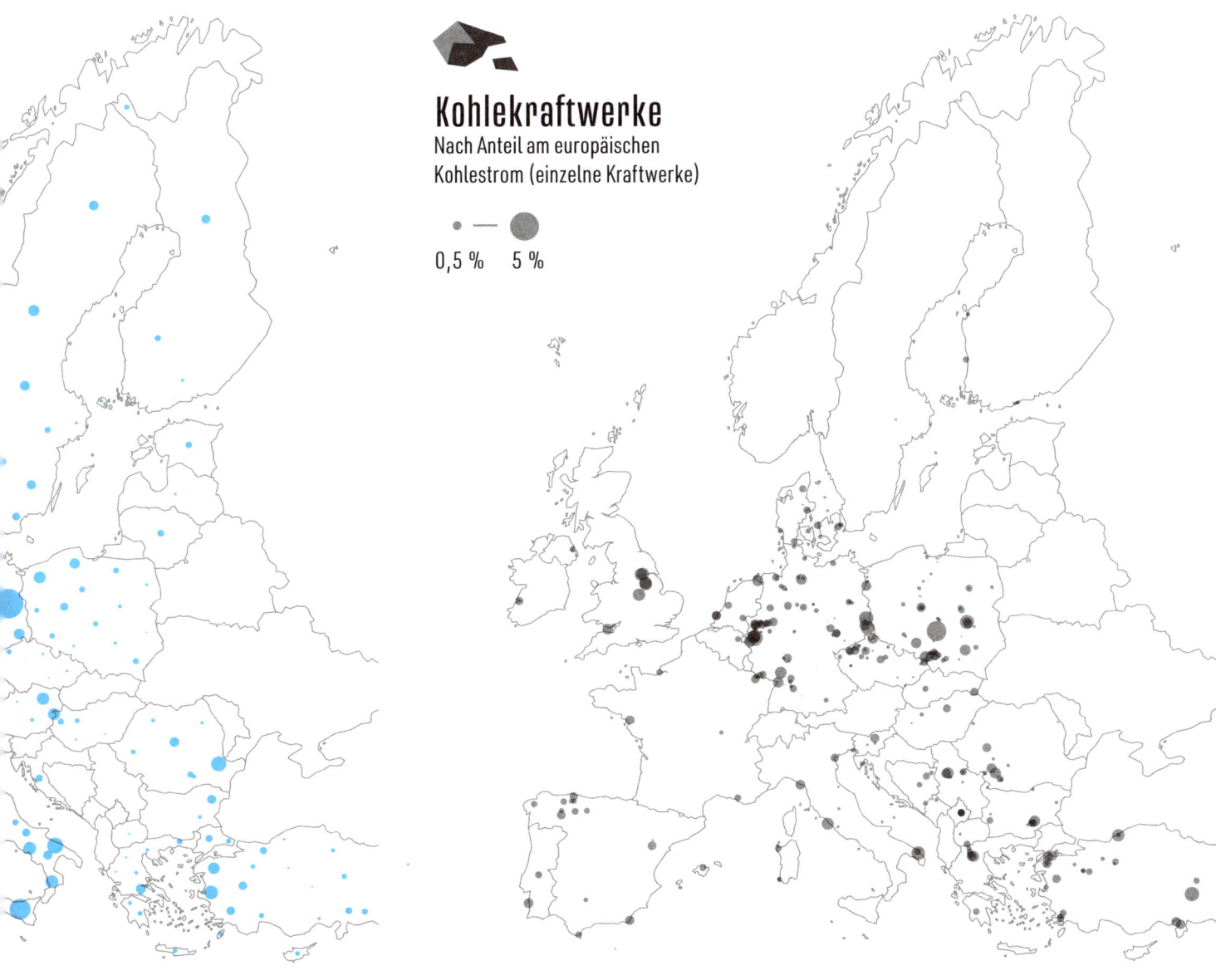

Kohlekraftwerke
Nach Anteil am europäischen Kohlestrom (einzelne Kraftwerke)

0,5 %   5 %

Im Jahr 2000 lag der Anteil erneuerbarer Energien beim Stromverbrauch in Deutschland bei sechs Prozent. Heute sind es fast 40. Die Hälfte davon ist Windenergie, der Rest Biomasse, Solarenergie und Wasserkraft. Anders in Frankreich, das seinen Strom größtenteils mit Atomkraft erzeugt – trotz viel Platz für Solar- und Windkraftanlagen. Sauber ist Deutschlands Stromversorgung dennoch nicht.

In keinem europäischen Land stehen so viele Kohlekraftwerke: knapp hundert. Sie erzeugen ein Drittel des deutschen Stroms. In Frankreich stehen hingegen gerade mal fünf. Die Karten lassen sich untereinander nicht vergleichen, sondern zeigen, wie sich die jeweilige Stromerzeugung über Europa verteilt. Private Photovoltaikanlagen sind nicht berücksichtigt.

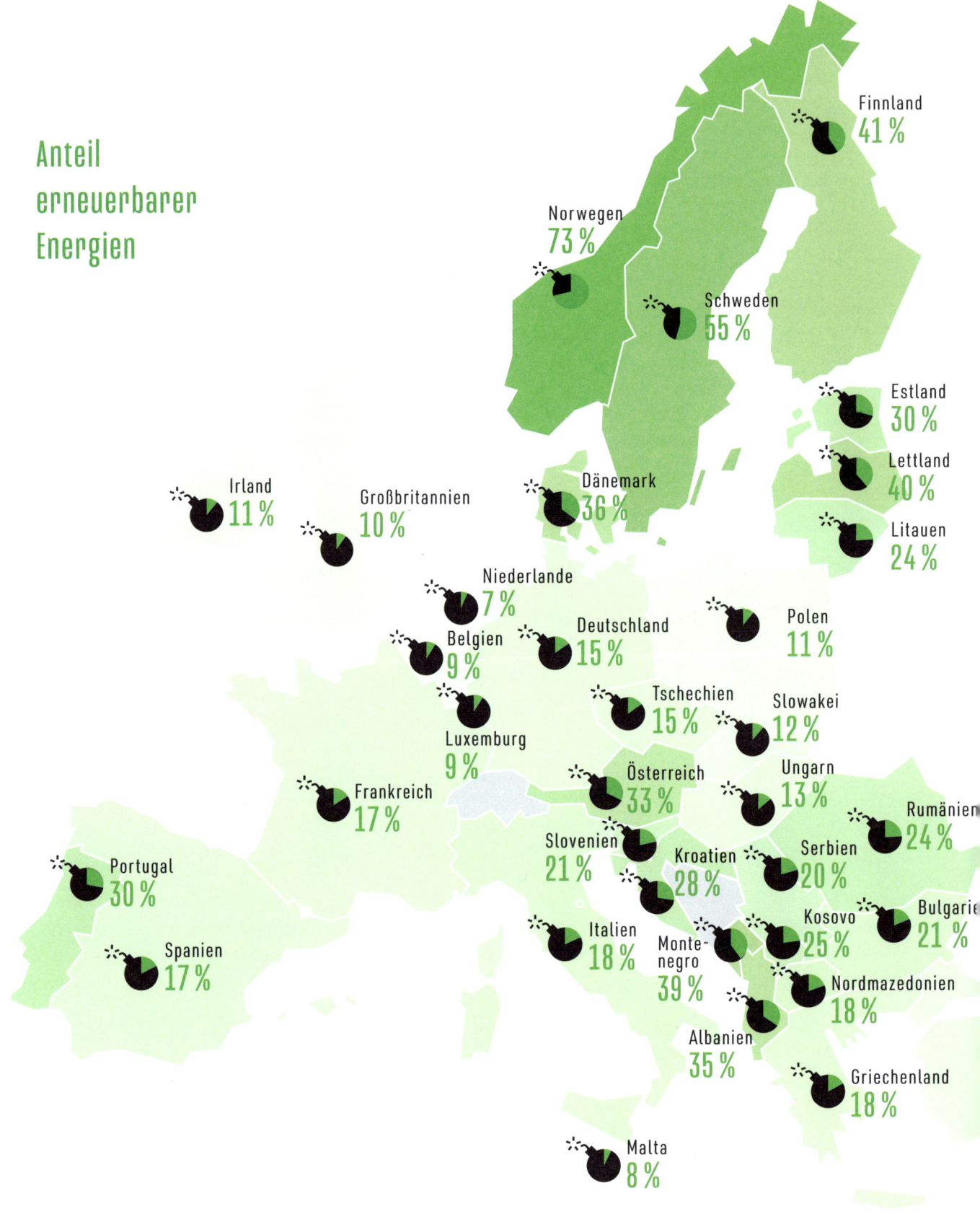

Grüne vs. fossile Energie in Europa

Trotz der vielen Windräder und Solaranlagen ist der Anteil erneuerbarer Energien am gesamten Energieverbrauch – also nicht nur Strom – in Deutschland klein, selbst im europäischen Vergleich (die Atomkraft zählen wir hier zur fossilen Energie). Zwar nimmt er bei der Stromversorgung zu (fast 40 Prozent), beim Heizen ist er mit 14 Prozent jedoch gering und beim Verkehr mit sechs Prozent marginal – und stagniert in diesen Bereichen seit zehn Jahren. Warum Norwegen so viel weiter ist? Das Land kann sich dank Wasserkraft leicht mit Strom versorgen. Der Verkehr ist stärker elektrifiziert. Das viele Öl und Gas, das Norwegen fördert, lässt es andere verbrennen.

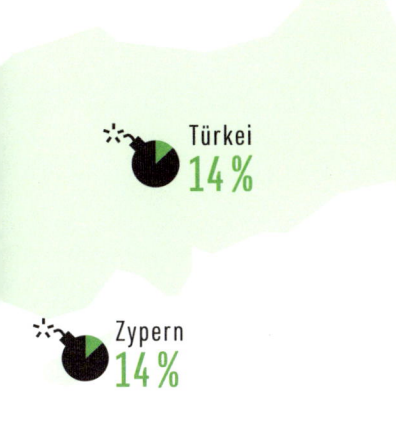

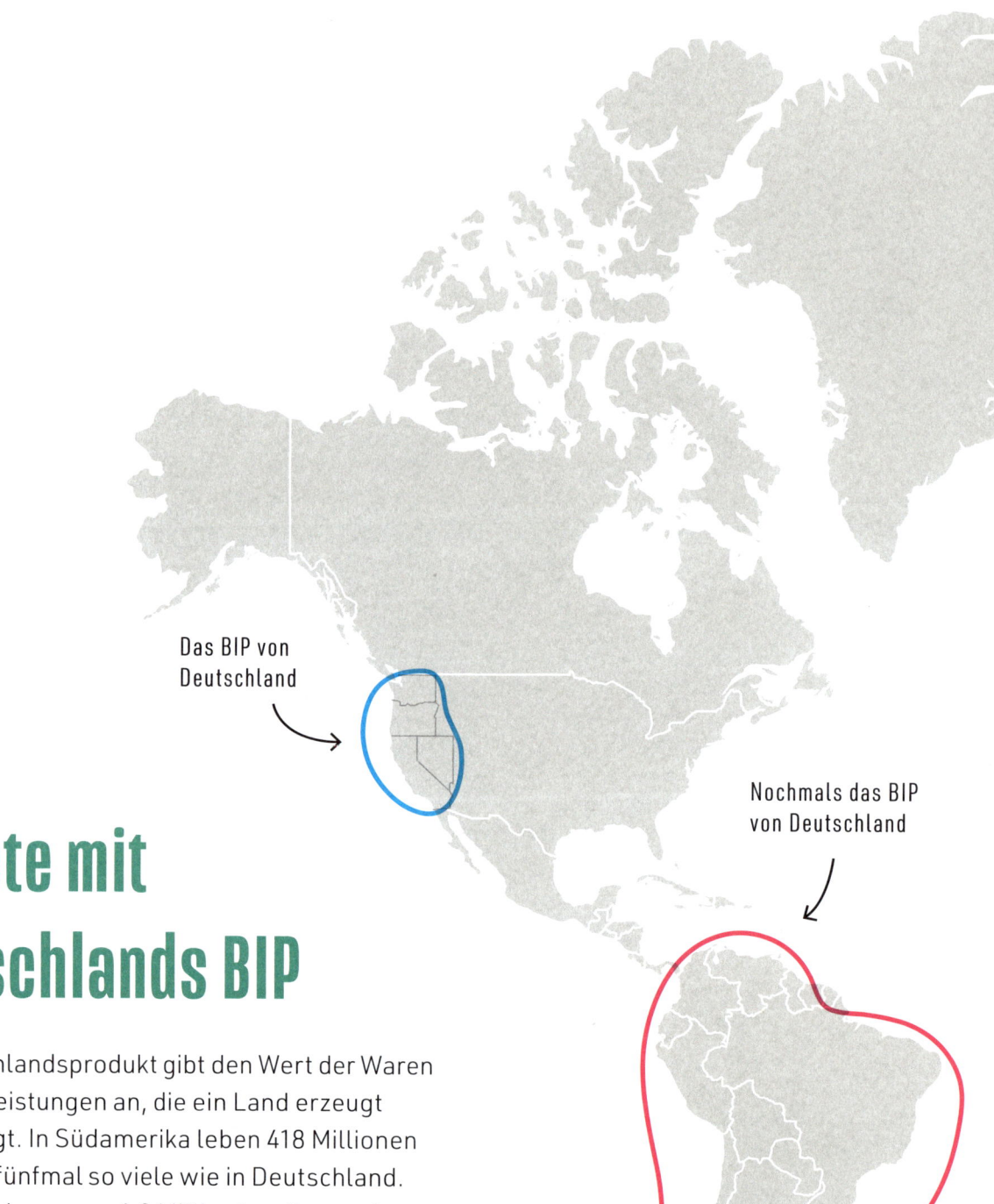

Gebiete mit Deutschlands BIP

Das Bruttoinlandsprodukt gibt den Wert der Waren und Dienstleistungen an, die ein Land erzeugt bzw. erbringt. In Südamerika leben 418 Millionen Menschen, fünfmal so viele wie in Deutschland. In Afrika sind es sogar 1,3 Milliarden. Dennoch haben beide ungefähr das gleiche Bruttoinlandsprodukt wie die Bundesrepublik. Und Russland, das auf Karten so gigantisch wirkt? Liegt zwischen Italien und Spanien.

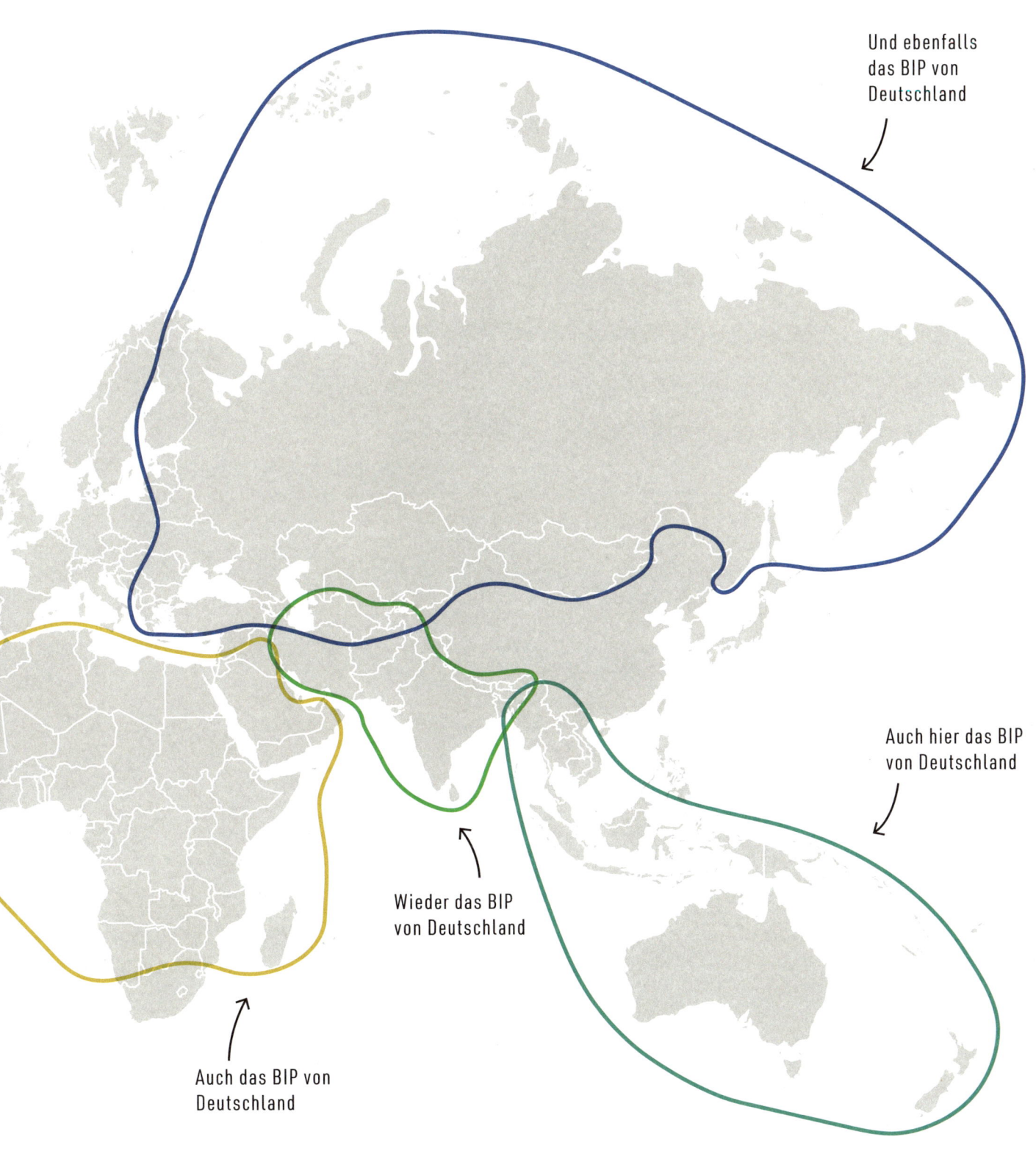

Länder, deren größte Importquelle Deutschland ist

70 Prozent der Deutschen fühlen sich mit der Europäischen Union verbunden. In Frankreich ist es gerade mal eine knappe Mehrheit, in Großbritannien war es nur eine (knappe) Minderheit. Aber warum sollte man sich als Deutscher auch nicht mit seiner Kundschaft verbunden fühlen? Ganz Europa kauft in Deutschland ein. Es ist die drittgrößte Exportnation der Welt – hinter China und den USA und weit vor Japan. Autos und Maschinen machen ein Drittel der Exporte aus, gefolgt von Chemie und Elektronik mit jeweils rund zehn Prozent. Rund 60 Prozent der deutschen Exporte gehen in die EU. Das verbindet natürlich.

Wer exportiert,
wer importiert

Auf dieser Karte sehen amerikanische Präsidenten rot. Die Überschrift ist aber vereinfacht. Die Karte zeigt nicht nur Import- oder Exportüberschüsse eines Landes (also die Leistungsbilanz), sondern auch Überschüsse und Defizite aus Kapitalerträgen, Zahlungen an internationale Organisationen, Investitionen, Devisen – kurz: alles. Mit Europa haben die USA eine relativ ausgeglichene Zahlungsbilanz, mit China weniger. Allerdings ist ein Bilanzüberschuss wie der von Deutschland nicht einfach nur gut: Er kommt auch davon, dass zu viel Geld ins Ausland verliehen und zu wenig im Inland investiert wird.

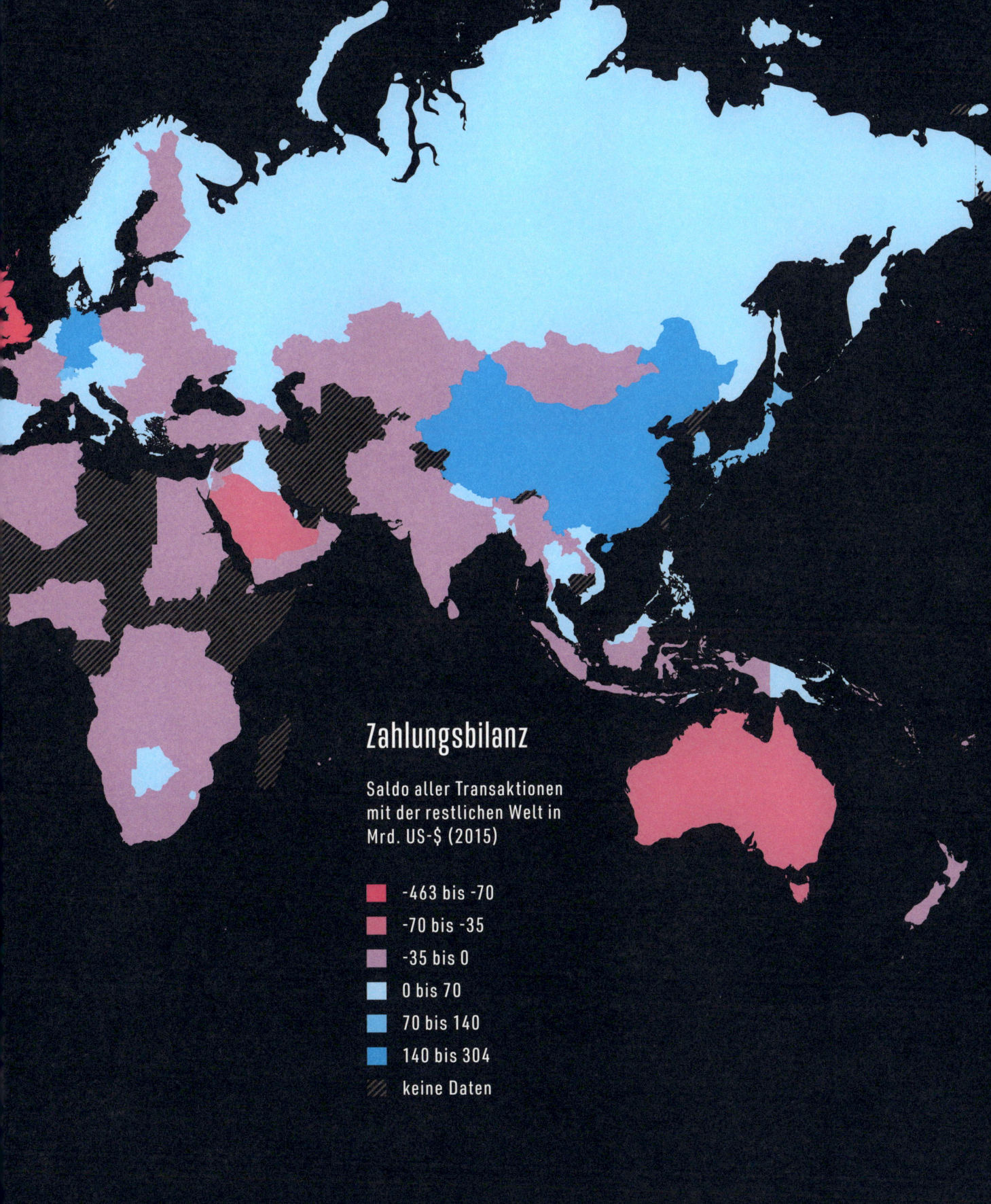

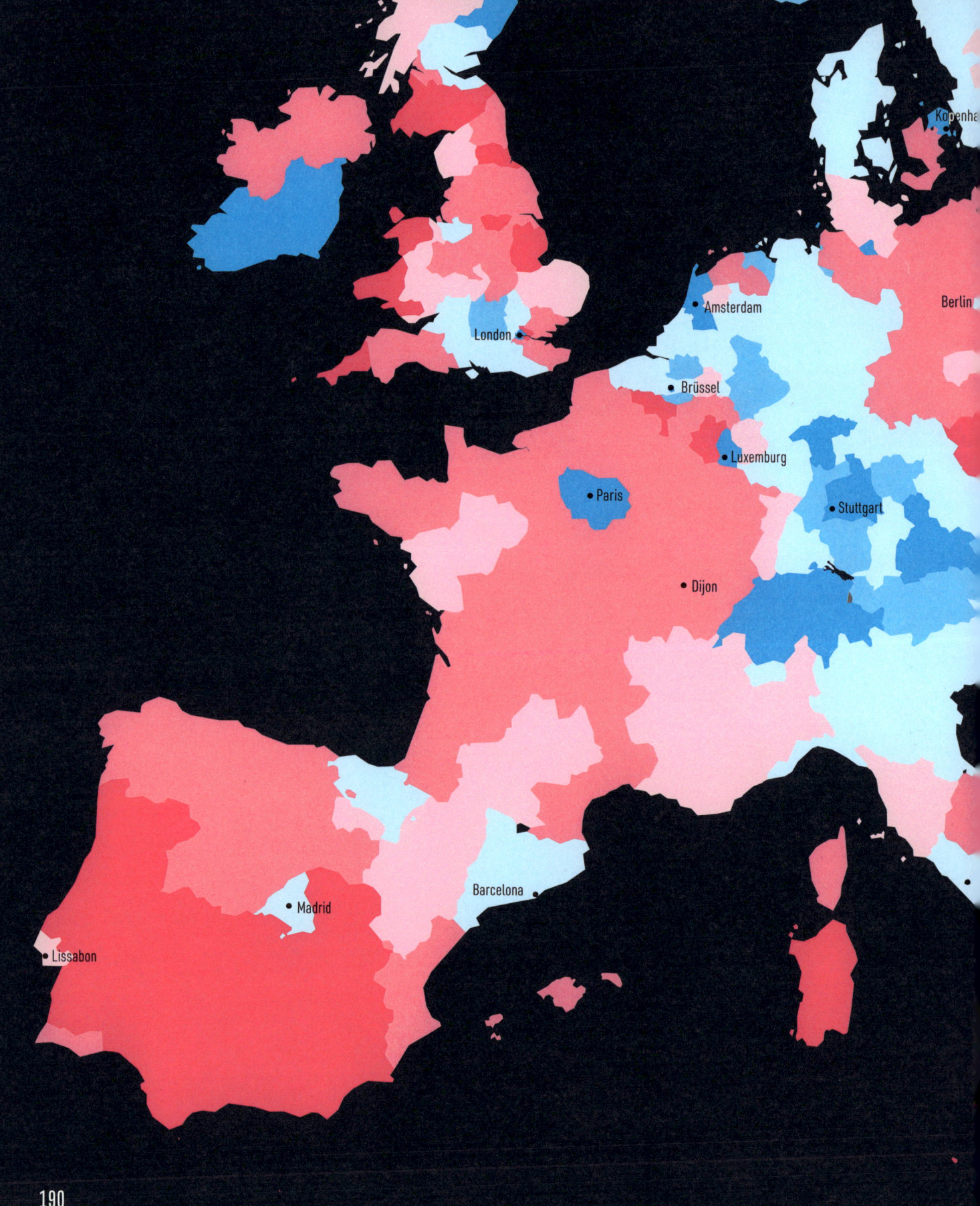

Ist Ostdeutschland wirtschaftlich abgehängt? Je nachdem, womit man es vergleicht

Eine blaue Banane liegt über Europa. Sie erstreckt sich von Norditalien über die Alpen, den Rhein und die Niederlande bis nach London. Jeder vierte Europäer lebt in diesem Gebiet. Hier pulsiert die Wirtschaft. Auffällig bei der Verteilung des BIP pro Kopf sind aber auch die Städte, ob Paris oder Warschau, Berlin oder Budapest, Istanbul oder Athen. Ob Ostdeutschland wirtschaftlich zurücksteht, kommt auf die Perspektive an. Im Vergleich zu Westdeutschland, ja. Im Vergleich zu den meisten Regionen Frankreichs nicht.

Kaufkraftbereinigtes BIP pro Kopf, gemessen am EU-Durchschnitt (2017)

- < 75 %
- 75 % bis < 90 %
- 90 % bis < 100 %
- 100 % bis < 125 %
- 125 % bis < 150 %
- ≥ 150 %

Anteil am Finanzausgleich in Prozent

(Plus: Einzahlung, Minus: Bezug)

- +61 % bis +41 %
- +41 % bis +21 %
- +21 % bis 0 %
- 0 % bis −13 %
- −13 % bis −26 %
- −26 % bis −39 %

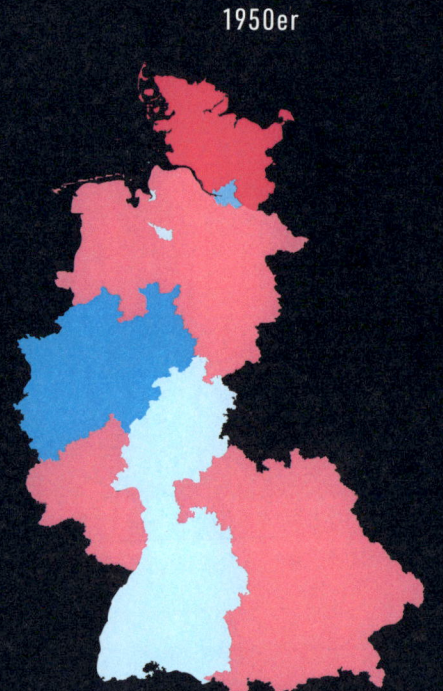

1950er

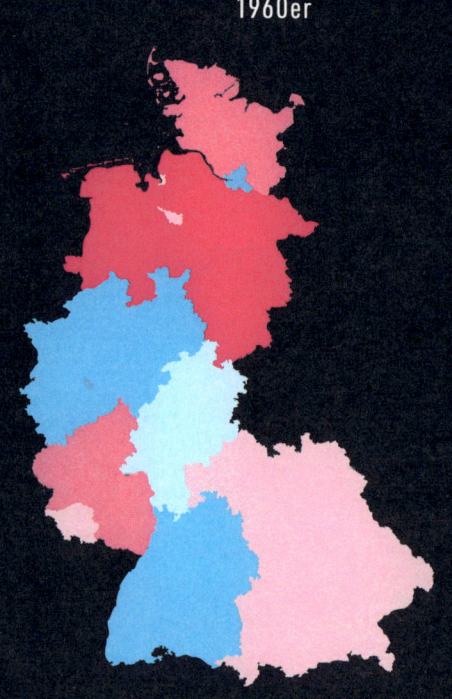

1960er

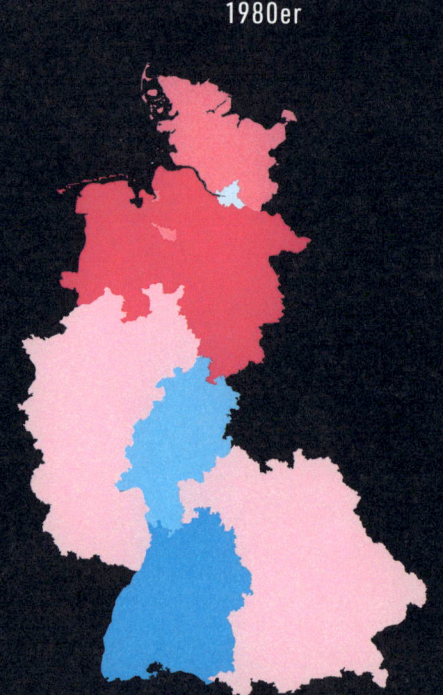

1980er

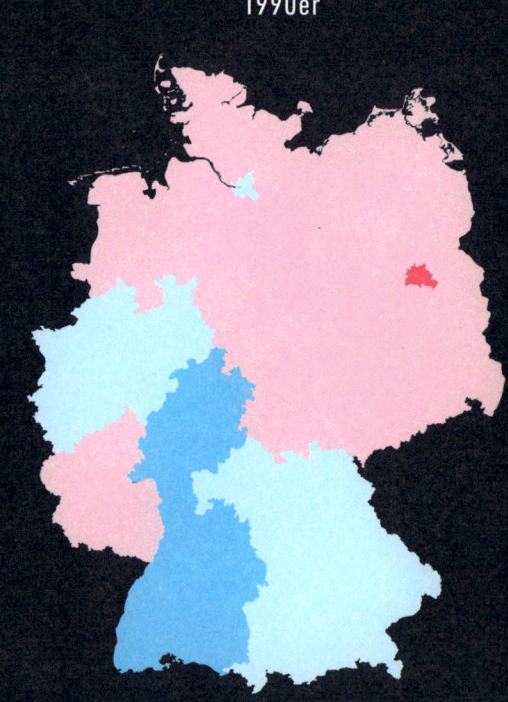

1990er

1970er

Beitrag zum und Bezüge aus dem Finanzausgleich

In Bayern beschwert man sich derzeit gerne und laut über den Länderfinanzausgleich. Auf den Karten aus jüngster Zeit sieht man auch warum. Doch lange floss das Geld vor allem aus Nordrhein-Westfalen in den Rest der Republik. Bayern ließ sich bis in die achtziger Jahre aushalten. Es ist wie mit der Krankenversicherung: Sie zu kündigen, nur weil man gesund ist, ist keine gute Idee.

2000er

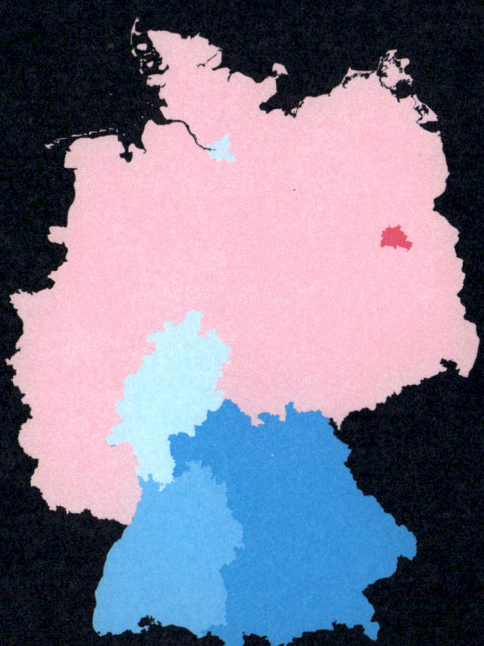

2010er

Wem die meisten Unternehmenssteuern verloren gehen – und wer sie kassiert

Internationale Konzerne zahlen ihre Steuern gerne an Orten wie den Bermudas. Erst seit neuestem gibt es Daten, die das Ausmaß abschätzen lassen. Die Karte basiert auf einer Studie der Universitäten Berkeley und Kopenhagen, die untersuchte, wohin Unternehmen ihre Profite verschieben. Es ist zum Beispiel möglich, Patente auf den Bermudas zu hinterlegen und Gewinne aus dem Patent dort zu verbuchen. Dadurch würden über 650 Milliarden US-$ weltweit verloren gehen, zehn Prozent aller Unternehmenssteuern. Den EU-Staaten entgingen sogar 20 Prozent. Der Haken der Studie ist: Gewinne aus Patenten, die jetzt in Deutschland verbucht werden, könnten bei einer Systemänderung ebenfalls andernorts fällig werden.

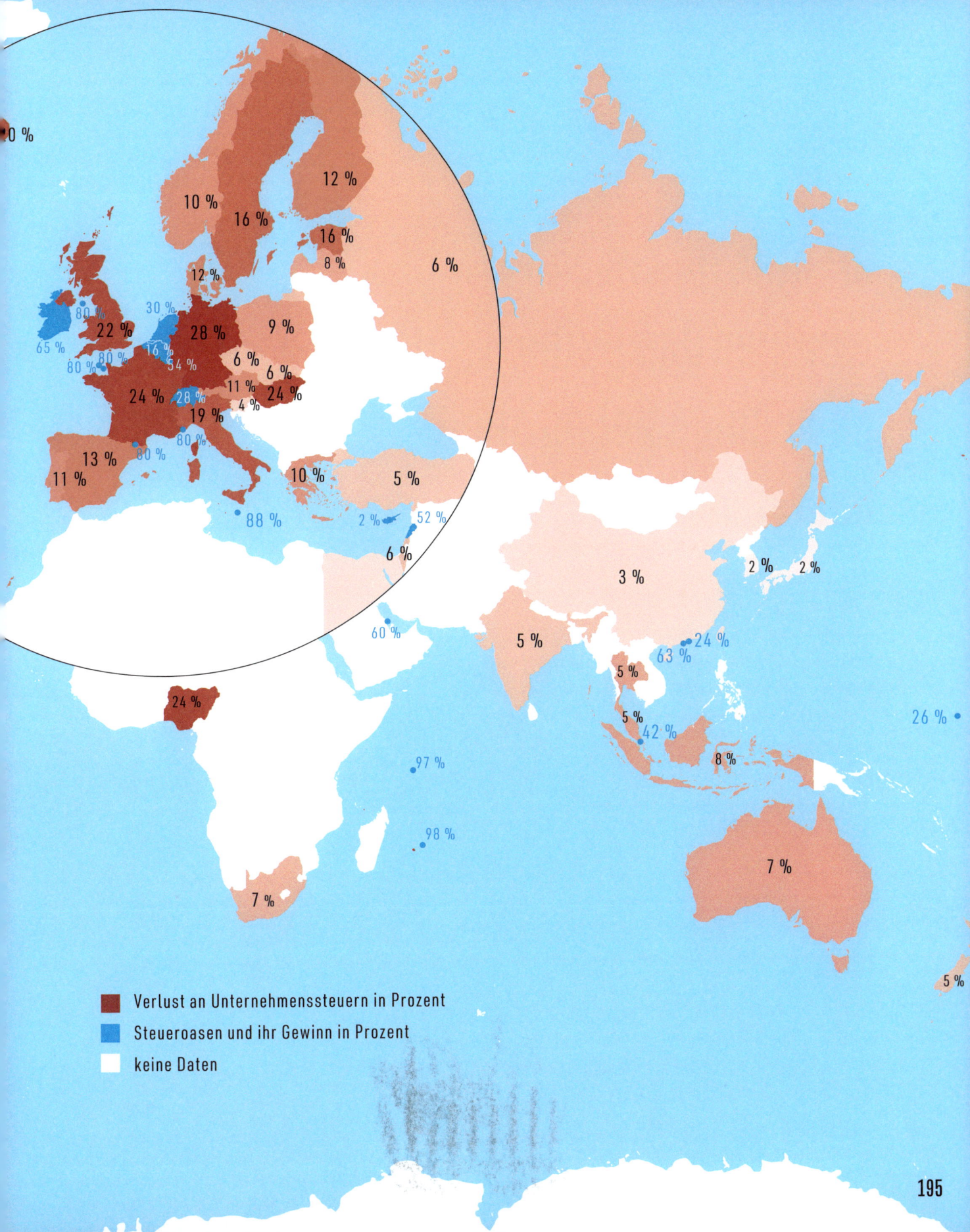

Staaten, die noch weniger Computer an Schulen haben als Deutschland

Deutschland ist ein Land, die Digitalisierung ein anderes. So technologiegetrieben dieses Land ist, so technologieskeptisch ist es zugleich. Zum Beispiel an Schulen: Während in Dänemark 70 Prozent der Lehrer und 90 Prozent der Schüler täglich digitale Medien im Unterricht nutzen, sind es hierzulande nur 23 bzw. 4 Prozent. Aber wie sollten sie auch, wenn Computer gar nicht erst ins Klassenzimmer gelassen werden?

keine Daten

Volkswagen-republik China

Ohne Volkswagen wäre Deutschland um eine Stadt ärmer. Schließlich ist Wolfsburg Volkswagen (siehe nächste Seite). Aber ist Volkswagen noch Wolfsburg? Oder überhaupt noch Deutschland? 10,6 Millionen Autos produzierte das Unternehmen 2017, und das vor allem in China, wo es die populärste Automarke ist. Seit den achtziger Jahren fertigt VW dort – stets zusammen mit staatlichen chinesischen Partnern.

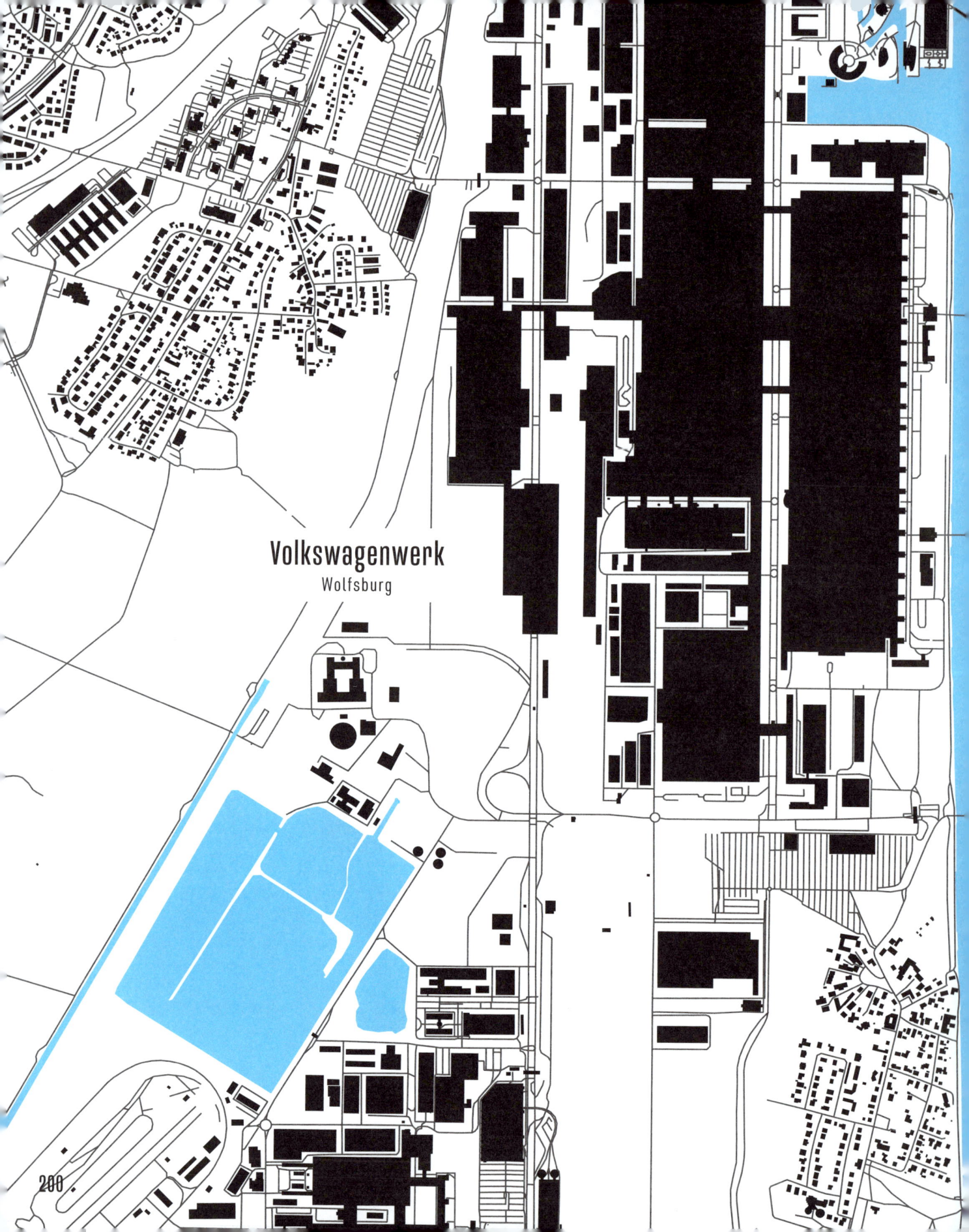

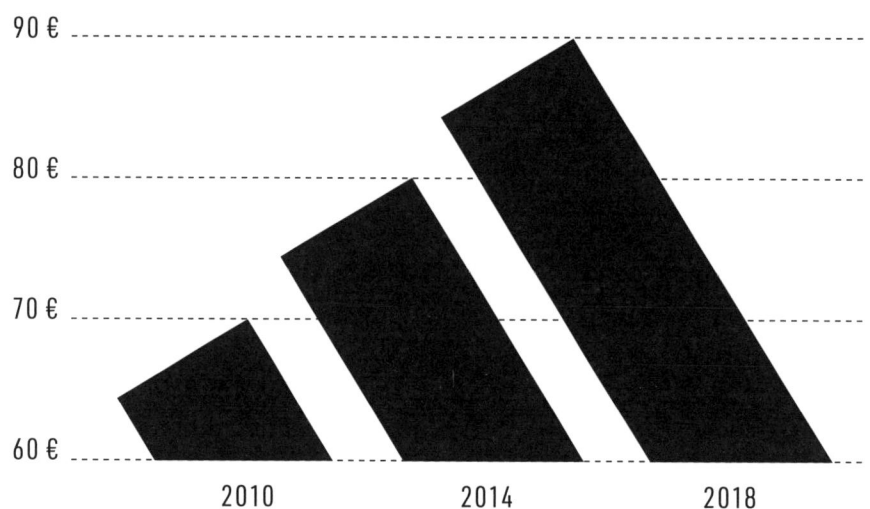

Preisentwicklung des Nationalmannschaftstrikots

89,95 € kostet das Trikot der Nationalmannschaft, Tendenz zuverlässig steigend. Wie der Betrag zustande kommt, zeigt die folgende Seite. Produziert werden die Trikots in Asien. Als erster Sportartikelhersteller verlegte Nike in den neunziger Jahren seine Produktionen dorthin und profitierte sehr schnell davon. Adidas zog nach. Beim Nationalmannschaftstrikot aber fühlte sich das stets falsch an. 2015 sagte der damalige Adidas-Chef, er könne es sich »gut vorstellen«, wieder in Deutschland zu produzieren. 2017/2018 werde man so weit sein. War man dann offenbar doch nicht. Aber vielleicht passiert es ja noch. Jahreszahl dann bitte auf der letzten Seite ergänzen!

Preiszusammensetzung

89,95 €

Umsatzsteuer: **14,36 €**

Marge Einzelhandel: **39,64 €**

Marge Marke: **17,00 €**

Vertrieb: **2,25 €**

Lizenzgebühr: **5,50 €**

Marketing: **2,60 €**

Herstellung und Transport: **8,60 €**

Schätzung einer Unternehmensberatung. Die Kosten für Herstellung und Transport basieren auf einer Studie zu T-Shirts anderer Hersteller:

Agent	**1,20 €**
Transport, Zoll, Lager	**2,19 €**
Marge Fabrikant	**1,15 €**
Overhead	**0,27 €**
Material	**3,40 €**
Nähen	**0,18 €**

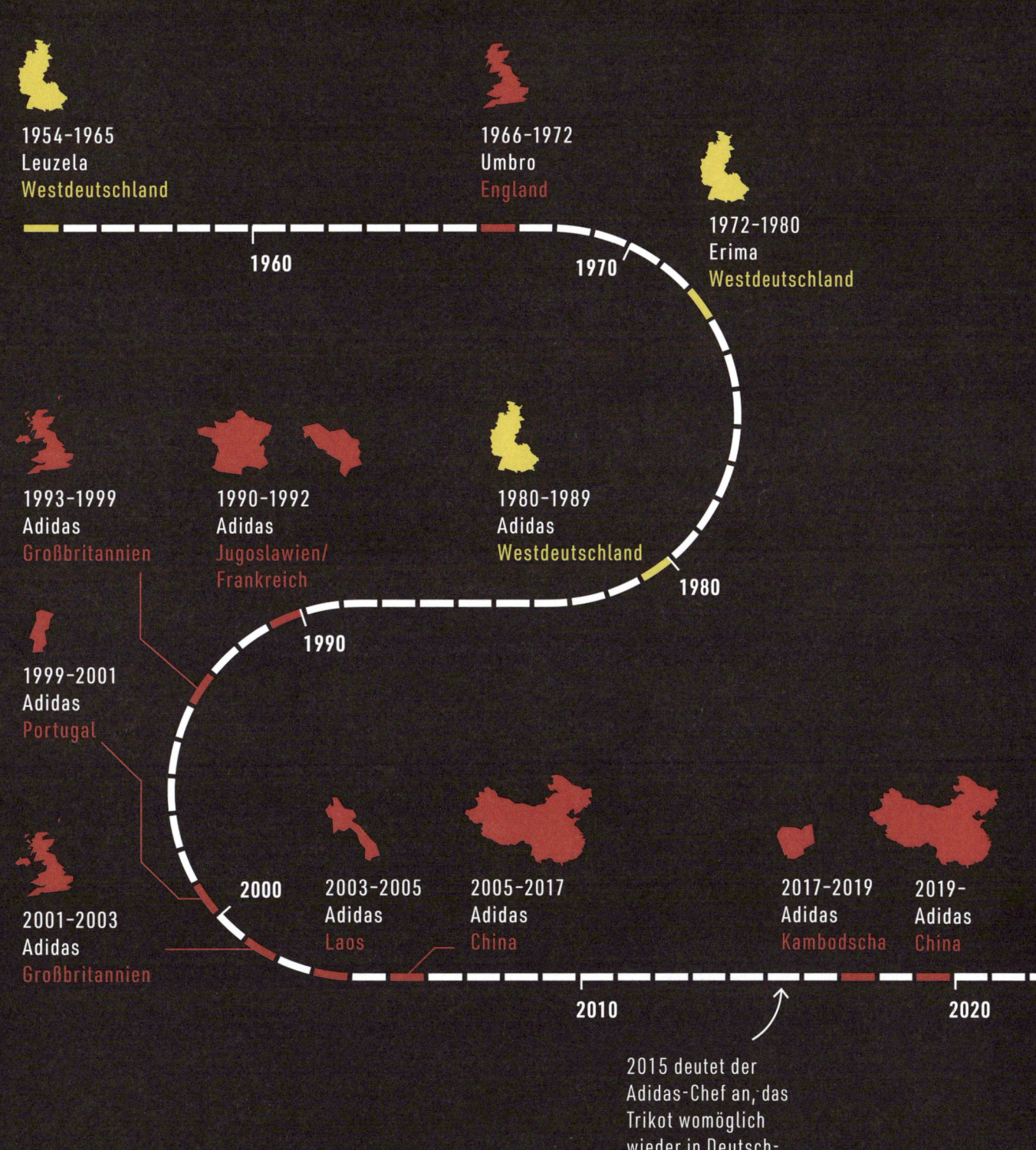

2030　　　　　　　　　2040　　　　　　　　　2050

Hier Jahr eintragen, in dem das Trikot wirklich wieder in Deutschland produziert wird.

Deutschland

2060   2070   2080

Quellen

Schina/Kina S. 6–7: Leibniz-Institut für deutsche Sprache.

Gartenzwerge S. 12–13: Google Trends (2019) sowie Real.de.

Tropical Islands/Vatikan S. 14–15: eigene Aufbereitung basierend auf OpenStreetMap.

Kirche/Osterhase/ADAC S. 16–19: Auferstehung: INSA-Umfrage (2017), Osterhase: Blair: »Children's Belief in Santa Claus, Easter Bunny and Tooth Fairy« (*Psychological Reports*, 1980), Katholiken: katholische Kirche sowie Prognose des Forschungszentrums Generationenverträge (2019), ADAC-Mitglieder: eigene Prognose mit Zahlen des ADAC, weitere Zahlen: Fowid und Destatis.

Ruhrgebiet S. 20–21: eigene Aufbereitung basierend auf OpenStreetMap.

Ungefähr so groß wie Deutschland S. 24–25: Inspiration: *ZEIT-Magazin*.

Chinesische Städte S. 26–27: Destatis (2018) sowie OECD (2010).

Nutztiere S. 28–29: Tierbestände: Statistische Landesämter, Daten aggregiert und dankenswerterweise zur Verfügung gestellt von Anna Wilke (2010), Entwicklung: »Bericht zur Markt- und Versorgungslage Fleisch« (*BLE*, 2019).

Wanderungen S. 30–31: Wanderungsstatistik des Bundes und der Länder sowie Destatis.

Ausländer S. 32–33: Destatis (31.12.2018).

Geriatrisierung S. 34–35: Bevölkerungspyramide von Destatis sowie Pötzsch: »Aktueller Geburtenanstieg und seine Potenziale« (*WISTA*, 2018). Inspiration: Datawrapper.

Rentnerwanderung S. 36–37: Destatis (2018).

Wiedervereinigung S. 38–39: Destatis.

Hasselhoff S. 40–41: offizielle Deutsche Charts sowie Hasselhoff-Foundation.

Sexstellungen S. 42–43: Google Trends (2015–2019).

Erste Male S. 44–45: Sex: BZgA, Ehe und Eigenheim: Destatis, Brüste: Deutsche Gesellschaft für Ästhetisch-Plastische Chirurgie, Unternehmen: KfW Research, Roman: jimchines.com (nicht repräsentative Online-Umfrage, 2010), Vasektomie: vasektomie.de (nicht repräsentative Online-Umfrage), Eigenheim: BBR, Burn-out: RKI, Bundestag: bundestag.de, Kreuzfahrt: GfK, Nobelpreis: nobelprize.org, Nobelpreis-Durchbruch: Stephan/Levin: »Age and the Nobel prize revisited« (*Scientometrics*, 1993). Wo möglich, wurden die Median-Alter ermittelt. Stand der Zahlen: 2017.

Wo man wie sagt S. 46–47: Leemann/Derungs/Elspaß: »Analyzing linguistic variation and change« (*PLoS ONE*, 2019).

Ortsnamen S. 48–49: eigene Auswertung basierend auf OpenStreetMap.

Höllenberge S. 50–51: eigene Auswertung basierend auf OpenStreetMap. Topografie: United States Geological Survey.

#Landschaft S. 52–53: Instagram-Daten ausgewertet von David Goldwich (Referenzwert: Fotos mit Hashtag #hund).

Planstädte S. 54–55: eigene Aufbereitung basierend auf OpenStreetMap.

Deutsche Wüste S. 56–57: eigene Aufbereitung basierend auf OpenStreetMap.

Deutscher Wald S. 58–59: Mutke/Quandt: »Der Deutsche Wald« (*Forschung & Lehre*, 2018).

Der Rhein S. 60–61: eigene Aufbereitung basierend auf OpenStreetMap.

Einsame Inseln S. 62–63: eigene Aufbereitung basierend auf OpenStreetMap.

Einwegflaschen S. 64–65: Die 16,4 Milliarden PET-Einwegflaschen sind eine Schätzung der Deutschen Umwelthilfe. 473 700 t PET-Einwegflaschen wurden 2017 verbraucht. Das Durchschnittsgewicht einer 1,5 l-Flasche wurde mit 28,9 g veranschlagt. Inspiration: Reuters.

Tagebau Hambach S. 68–69: eigene Aufbereitung basierend auf OpenStreetMap.

Eurokartoffeln S. 72–73: Anbau: Eurostat (2018), Export: International Trade Center (2018).

Kartoffelacker S. 74–75: KTBL (2019).

Bier/Wein S. 76–77: eigene Erhebung basierend auf OpenStreetMap (Weinberge) und Das Örtliche (Brauereien).

Alkoholkonsum S. 78–79: WHO.

Spezialitäten S. 80–81: Google Trends (2019).

Herkunftsbezeichnungen S. 82–83: Leibnitz-Institut für Länderkunde (2019).

Lebkuchen S. 84–85: eigene Auswertung von Instagram-Daten (2015–2018).

Schweinestall S. 88–89: »Landwirtschaft verstehen. Fakten und Hintergründe« (*BMEL*, 2019).

Fleischverbrauch S. 90–91: Verbrauch: FAO sowie Teuteberg/Wiegelmann: *Der Wandel der Nahrungsgewohnheiten unter dem Einfluss der Industrialisierung* (Göttingen 1972), aufbereitet von Ernst Langthaler (2016), Konsum: Heinrich-Böll-Stiftung: *Fleischatlas Extra: Abfall und Verschwendung* (2014).

CO_2-Teller S. 92–93: Es handelt sich um hypothetische Durchschnittsteller, basierend auf populären Lebensmitteln sowie Empfehlungen der Deutschen Gesellschaft für Ernährung. Kalkulation mit CO_2-Rechner von Klimatarier. CO_2-Bilanz vegetarischer und veganer Ernährung: »Ist gutes Essen wirklich teuer?« (*Öko-Institut*, 2014).

McFit / McDonald's S. 94–95: Filialenliste der Unternehmswebsites (Stand: Februar 2020).

Fährverbindungen S. 96–97: eigene Aufbereitung basierend auf OpenStreetMap.

Laufzeiten S. 98–99: eigene Umrechnung und Darstellung von INKAR-Daten des Bundesinstituts für Bau-, Stadt- und Raumforschung (2017).

Autofahrten S. 100–101: BMVI: *Mobilität in Deutschland* (2019).

Verkehrsmittel S. 102–103: Erhebungen aggregiert von der European Platform on Mobility Management (1998–2018).

Vatertag S. 104–105: »Verkehr: Verkehrsunfälle« (*Destatis*, 2017).

Verkehrstote S. 106–107: Destatis sowie Heinrich-Böll-Stiftung: Mobilitätsatlas: *Daten und Fakten für die Verkehrswende* (2019).

Rettungswagen S. 108–109: Vom 14. bis 20. Januar 2019 protokollierte der Arbeiter-Samariter-Bund Lüneburg sämtliche Einsätze eines seiner Rettungswagen. Die Alters- und Adressangaben wurden leicht verändert. Infografik von Dieter Duneka für die *ZEIT*, dankenswerterweise zur Verfügung gestellt.

Google Street View S. 110–111: eigene Visualisierung basierend auf Google Street View.

ICE-Strecken S. 112–113: Spiekermann & Wegener Stadt- und Regionalforschung (Dortmund).

Internationale Züge S. 114–115: Daum/Gasser/Jäggi/Schirmer: »Auf dem Stumpengleis« (*ZEIT*, 2019).

Greta S. 116–117: ntv.

Frachtschiffe S. 118–119: MarineTraffic.com (11. Dezember 2019).

Ufos S. 120–121: UFO-Datenbank ufo-db.com (2015–2018). Inspiration: *ZEIT-Magazin*.

#Urlaub S. 122–123: eigene Auswertung von Instagram-Daten (2015).

Kneipp-Anlagen 124–125: eigene Aufbereitung mit OpenStreetMap sowie Deutsche UNESCO-Kommission: *Bundesweites Verzeichnis des Immateriellen Kulturerbes* (2019).

Badeordnungen S. 126–127: Die Auswertung basiert auf 154 online zusammengetragenen Badeordnungen. Sie ist also nicht repräsentativ. Vor allem ältere Badeordnungen dürften in der Stichprobe fehlen.

Minigolf S. 128–129: eigene Auswertung von ca. 3500 Turnierrunden, die von verschiedenen Vereinen mit der Software Bangolf Arena publiziert wurden.

Tennisplätze S. 130–131: Eigene Aufbereitung basierend auf OpenStreetMap. Inspiration: *ZEIT-Magazin*.

Swimmingpools S. 132–133: Eigene Aufbereitung basierend auf OpenStreetMap.

Spielermarktwerte S. 134–135: Marktwertschätzungen von Transfermarkt.de. Hypothetische Aufstellung in der Saison 19/20 entsprechend dem letzten Spiel der Mannschaft (16.12.2019).

Rennstrecken S. 136–137: eigene Aufbereitung basierend auf OpenStreetMap.

Ram(m)stein S. 138–139: eigene Aufbereitung basierend auf OpenStreetMap.

Gefängnisse S. 140–141: basierend auf der *Prison Typology* von Hans Hack, Daten von OpenStreetMap. Gefangenenzahlen: World Prison Brief (September 2019).

Drogen im Abwasser S. 142–143: EMCDDA: *Abwasseranalyse und Drogen* (2017).

Deutschrap S. 144–145: Eigene Aufbereitung basierend auf Bayerischer Rundfunk: *Das Deutschrap-Periodensystem* (2014).

Udo Lindenberg S. 146–147.: offizielle Deutsche Charts.

Sieben Brücken S. 148–149: eigene Aufbereitung basierend auf OpenStreetMap.

Heinrich Heine S. 150–151: eigene Aufbereitung basierend auf Wikipedia, mit Dank an Christian Liedtke vom Heinrich-Heine-Institut Düsseldorf.

Germanien S. 152–153: Krebs: *Ein gefährliches Buch* (München, 2012).

Statuen S. 154–155: Wikipedia: *Liste der höchsten Statuen* (2020).

Helgoland/Sansibar S. 156–157: Eigene Aufbereitung basierend auf OpenStreetMap sowie Kulke: »Die Mär vom deppenhaften Helgoland-Sansibar-Tausch« (*Die Welt*, 2015).

Deutsche Reiche S. 160–161: eigene Aufbereitung, zur räumlichen Ausdehnung der Reiche vgl. *dtv-Atlas Weltgeschichte* (2003).

Warschauer Ghetto S. 162–163: eigene Aufbereitung basierend auf OpenStreetMap sowie Roth/Löw: *Das Warschauer Getto* (München 2013).

Stasi-Standorte S. 164–165: Eigene Aufbereitung von BStU: *Sperrgebiete in der DDR* (2015). Wappen übernommen von Wikipedia basierend auf Originaldarstellungen.

Stimmungswandel S. 166–167: BMWi: Deutschland 2014: *25 Jahre Friedliche Revolution und Deutsche Einheit* (2015).

Russlanddeutsche S. 168–169: eigene Aufbereitung auf Basis von Ingenieurbüro für Kartographie Joachim Zwick (Gießen) sowie BMI.

AfD S. 170–171: eigene Aufbereitung auf Basis von Mercator Forum Migration und Demokratie: *Migration und Europa* (2019).

Brandanschläge S. 172–173: Amadeu Antonio Stiftung.

Nachbarn S. 174–175: BMVI: *Raumbeobachtung: Deutschland und angrenzende Regionen* (2017).

Wikipedia S. 176–177: Wikidata (2020).

Kraftwerke S. 180–181: Solarkraft: BBR mit Daten des Photovoltaic Geographical Information System (2011). Windkraft: BBR mit Daten von The Wind Power (2016). Kohlekraft: World Resources Institute (2019). Verteilung: BMWi.

Grüne Energie S. 182–183: Eurostat (2018) sowie Umweltbundesamt.

BIP S. 184–185: Weltbank (2018 bzw. letztes verfügbares Jahr).

Importquelle S. 186–187: Importquellen: World Integrated Trade Solution der Weltbank (2018). Verbundenheit mit der EU: Standard-Eurobarometer (2018). Gütergruppen: BMWi: *Fakten zum deutschen Außenhandel* (September 2019).

Zahlungsbilanz S. 188–189: IWF.

BIP pro Kopf S. 190–191: Eurostat (2017).

Finanzausgleich S. 192–193: BMF.

Steuerverluste S. 194–195: Missingprofits.world (2016) sowie Bernau: »Was uns Steuerflucht kostet« (*FAZ*, 27.6.2018).

Computer an Schulen S. 196–197: PISA Digital Skills (2012) sowie ICILS-Studie (2019).

Volkswagenrepublik S. 198–199: eigene Aufbereitung basierend auf Benrath: »Wo deutsche Konzerne ihre Autos bauen« (FAZ, 17.8.2018).

Wolfsburg S. 200–201: Eigene Aufbereitung basierend auf OpenStreetMap.

Nationalmannschaftstrikot S. 202–206: Preisentwicklung und Schätzung der Preiszusammensetzung: Peter Rohlmann-Marketing. Schätzung der Transport- und Herstellungskosten von T-Shirts: Fair Wear Foundation: *Climbing the Ladder to Living Wages* (2012). Produktionsorte und Marken: dankenswerterweise für uns zusammengetragen von dem Trikotsammler Samuel Zürz. Produktionsort Deutschland: Ritzer: »Adidas' neuer Nationalstolz« (*Süddeutsche Zeitung*, 30.11.2015).

Karten: Bundesamt für Kartographie und Geodäsie (Deutschland), Eurostat (Europa und Welt), OpenStreetMap (lokal) sowie Wikipedia (historisch). Darstellungen und Daten von OpenStreetMap und Wikipedia unterliegen der Creative-Commons-Lizenz BY-SA.

Tin Fischer

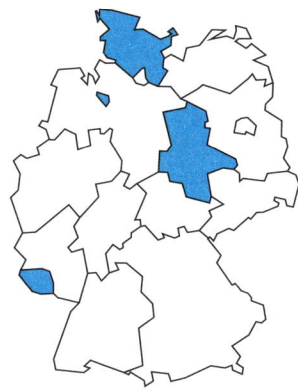

ist freier Datenjournalist in Berlin. Für die *ZEIT* u. a. recherchiert er Infografikseiten und schreibt über Studien und Statistik. Sein Buch *Nach dem Wochenende bin ich erst mal #krank: Was Instagram über uns verrät* erschien 2016.

www.herrfischer.net
twitter.com/herrfischer

Mario Mensch

Bundesländer, in denen wir noch nie gewesen sind.

ist freier Infografiker und Illustrator in Hamburg. Er arbeitet u. a. für Gruner + Jahr und die Stiftung Warentest. 2017 erschien sein Buch *Planet der Hühner: Über die Nutzung des Huhns durch den Menschen*.

www.mariomensch.de

Mitarbeit:

Corinna Cerruti und Hans Hack.